RÉPUBLIQUE FRANÇAISE
Liberté — Égalité — Fraternité

DÉPARTEMENT DE LA SEINE

DIRECTION DES AFFAIRES DÉPARTEMENTALES

ÉTAT DES COMMUNES

A LA FIN DU XIXe SIÈCLE

publié sous les auspices du Conseil Général

SCEAUX

NOTICE HISTORIQUE
ET
RENSEIGNEMENTS ADMINISTRATIFS

MONTÉVRAIN
IMPRIMERIE TYPOGRAPHIQUE DE L'ÉCOLE D'ALEMBERT
1899

SCEAUX

MONOGRAPHIES

En vente :

ÉPINAY
PIERREFITTE
STAINS
VILLETANEUSE
ORLY
DUGNY
ANTONY
LE BOURGET
THIAIS
RUNGIS
FRESNES

DRANCY
LE PLESSIS-PIQUET
VILLEMOMBLE
BONDY
GENNEVILLIERS
ROMAINVILLE
BOURG-LA-REINE
LA COURNEUVE
BOBIGNY
SCEAUX

Sous presse :

BONNEUIL-SUR-MARNE
LES LILAS

L'HAŸ

En préparation :

NOISY-LE-SEC
CHATENAY
CHOISY-LE-ROI

ROSNY-SOUS-BOIS
CHEVILLY
AUBERVILLIERS

RÉPUBLIQUE FRANÇAISE
Liberté — Égalité — Fraternité

DÉPARTEMENT DE LA SEINE

DIRECTION DES AFFAIRES DÉPARTEMENTALES

ÉTAT DES COMMUNES

A LA FIN DU XIXe SIÈCLE

publié sous les auspices du Conseil Général

SCEAUX

NOTICE HISTORIQUE
ET
RENSEIGNEMENTS ADMINISTRATIFS

MONTÉVRAIN
IMPRIMERIE TYPOGRAPHIQUE DE L'ÉCOLE D'ALEMBERT

1899

NOTICE HISTORIQUE

SCEAUX[1]

Anciennement, communauté de la Généralité et de l'Élection de Paris, subdélégation de Choisy-le-Roi, paroisse du doyenné de Châteaufort.

De 1787 à 1790, municipalité de l'arrondissement de Bourg-la-Reine.

De 1790 à l'an IV, commune du district (supprimé en l'an III) et du canton de Bourg-la-Reine.

De l'an IV à l'an VIII, chef-lieu de canton.

De l'an VIII à 1880, chef-lieu de sous-préfecture et de canton.

Actuellement, chef-lieu d'arrondissement (sans sous-préfet).

1. Quatre communes de France portent ce même nom : Sceaux (Loiret, arrondissement de Montargis) ; — Sceaux (Maine-et-Loire, arrondissement de Segré) ; — Sceaux (Sarthe, arrondissement de Mamers), et enfin la commune dont l'étude fait l'objet de la présente notice. La commune de Montigny-sur-Avre, au département d'Eure-et-Loir, a aussi un écart du nom de Sceaux. En outre, on peut considérer comme ayant le même nom, en raison de l'étymologie (voir page suivante), plusieurs localités nommées Ceaux, la Celle, Celles, et même Selles par corruption orthographique.

En revanche, il faut distinguer de ce groupe de noms de lieu un autre groupe formé de localités nommées : Saulx, Saux, qui ont une tout autre étymologie.

I. — FAITS HISTORIQUES

La ville de Sceaux étage coquettement ses maisons sur les deux pentes Nord et Sud de la colline qui limite d'un côté l'une des vallées les plus pittoresques des environs de Paris, celle qui s'ouvre, perpendiculairement à la vallée de la Bièvre, à Bourg-la-Reine, pour se trouver fermée à l'Ouest par les hautes pentes que couronne le plateau de Châtillon.

Ville calme et bourgeoise aujourd'hui, elle a connu un siècle et demi de tumultes brillants et mondains. Avant, c'était à peine un village. Son nom seul l'atteste; il a été formé sur le latin *cellæ* et devrait se traduire : les cabanes; tous les actes anciens emploient cette forme *cellæ*, et c'est par l'ignorance de quelques scribes que l'orthographe actuelle s'est imposée, comme si le nom venait de *sigilla*, sceaux, évoquant l'on ne sait quelle idée de chancellerie qui y aurait eu son siège.

Ainsi qu'il est dit dans la note de la page précédente, plusieurs localités portent ce même nom, défiguré et mal traduit.

D'autres, nommées Ceaux ou Celles, rappellent exactement leur origine: un chef-lieu de canton du département de Loir-et-Cher, Selles-sur-Cher, s'écrivait, il y a deux cents ans, Celles-sur-Cher, et avait conséquemment la même étymologie.

Inversement, plusieurs lieux où les saules poussaient en abondance ont tiré leur nom de cette circonstance; ils sont également nombreux, et, pour nous en tenir à la région avoisinant Paris, nous citerons : dans le département de Seine-et-Oise, Saulx-les-Chartreux au canton de Longjumeau, Saulx-Marchais au canton de Montfort-l'Amaury.

La ville dont nous avons ici à retracer rapidement les annales a eu l'heureuse fortune de trouver, il y a quelques années, en M. Advielle un historien aussi complet qu'exact et fidèle. Grâce à lui et à M. Michel Charaire, maire de Sceaux, qui a eu l'initiative et s'est chargé de l'impression de la publication, notre tâche est fort allégée; nous emprunterons beaucoup, nous ajouterons très peu à cet excellent ouvrage.

Les origines de Sceaux sont demeurées obscures. De bonne heure, à n'en pas douter, la culture de la vigne y attira des artisans qui s'y bâtirent les cabanes dont le nom est resté au pays ; mais, pour trouver une mention positive, on ne peut pas aller au delà du commencement du XIIe siècle. Une charte du cartulaire du prieuré de Longpont, qu'il est permis de dater de 1120 environ, stipule qu'Adèle, femme de Manassès, donna alors à ce prieuré un arpent de vigne dans son enclos de Sceaux : *unum arpennum vinee in suo clausulo apud Cellas.*

Un siècle s'écoule. Si l'on en croit M. Advielle, en 1203, l'église de Sceaux fut détachée de celle de Châtenay, c'est-à-dire que Sceaux constitua alors une paroisse indépendante, après avoir, jusque-là, dépendu de celle de Châtenay. La charte latine constatant ce fait et dont M. Advielle donne (p. 36) le texte et la traduction, malheusement sans en indiquer la provenance, serait fondamentale pour l'historien de Sceaux si son authenticité était certaine. Or, il est surprenant que l'abbé Lebeuf ne l'ait pas connue, et qu'aucun catalogue des cures du diocèse de Paris au XIIIe siècle ne fasse mention de la cure de Sceaux.

De même, l'abbé Lebeuf ne s'arrête pas à une charte de 1212, que publie M. Advielle (p. 41), toujours sans indication de source, et où il est dit qu'*Adam de Cellis* reçoit, par échange, du chapitre de la Cathédrale de Paris, quatre arpents et demi de terre, *sitos apud Cellas inter Secanam et ecclesiam de Cellis.* La mention du voisinage de la Seine empêche qu'il puisse être question de Sceaux, et c'est avec raison que l'on a établi qu'il s'agissait là d'une localité nommée maintenant La Celle-sous-Moret (Seine-et-Marne), près du confluent de la Seine et de l'Yonne; mais il n'en est pas moins intéressant de constater d'une part que cette localité est voisine d'une autre, nommée Saint-Mammès, et d'autre part que la paroisse de Sceaux est précisément sous le vocable de Saint-Mammès. L'analogie a d'autant plus de signification que ces trois villages, de nom semblable ou de patronage identique, dépendaient du chapitre de la Cathédrale de Paris.

Il faut renvoyer au livre de M. Advielle pour les détails si intéressants qu'il a fournis sur la paroisse de Sceaux à la fin du XVe siècle, sur les familles Baillet et Potier de Gesvres qui possédèrent la seigneurie, de Charles VI à Louis XIV. Nous nous bornerons à quelques observations complémentaires ou rectificatives. Ce n'est pas le 19 novembre 1525, mais le 19 novembre

1524, que survint la mort de Thibault Baillet, seigneur de Sceaux. Le *Livre de raison* de Nicolas Versoris la place formellement à cette date : « Le samedy XIXe jour dudit moys, alla de vie à trespas, environ entre unne et deux heures du matin Mons. maistre Thibault Baillet, consillier du Roy nostre sire et president en sa court de Parlement, homme sur tous justiciers du reaulme de France prisé et exstimé, lequel de son temps a peu estre dict et nommé l'honneur et bonté de Paris... » (*Mémoires de la Société de l'histoire de Paris et de l'Ile-de-France,* t. XII, p. 158.)

Voici qui est plus important : le 10 juillet 1530, une terrible catastrophe, un incendie dévasta le bourg. Le *Journal d'un bourgeois de Paris sous le règne de François Ier*, publié par la Société de l'histoire de France, nous l'apprend en ces termes (p. 418) : « Audict an 1530, samedy dixiesme juillet, fut bruslé par fortune le village de Sceaulx près Paris, où y furent brulées quatre-vingt maisons en un matin, par la faulte d'une femme dudict village qui chauffoit le four pour cuire pain ; et faisoit lors grand vent et impetueux qui faisoit voler les flammes dudict four partout, mesmement sur les maisons couvertes de chaulme, tellement qu'il y eust des gens et enfans bruslez. »

La *Cronique du roy François premier*, autre récit contemporain, publié par M. Georges Guiffrey (Paris, Renouard, 1860, in-8), confirme le fait avec plus de laconisme (p. 85) : « En ce mesme temps fut bruslé par cas fortuit le village de Seaulx près Paris. »

Quatre-vingts maisons brûlées ! Il est à peu près certain qu'il n'en restait plus à détruire ; mais la rapidité même avec laquelle se propagea l'incendie prouve que c'étaient des constructions légères, ressemblant sans doute beaucoup à ces chaumières primitives dont Sceaux avait tiré son nom. Celles qu'on bâtit à leur place ont disparu, elles aussi, par l'effet du temps, car les maisons actuelles du bourg ne sont certainement pas antérieures au XVIIe siècle.

La seigneurie de Sceaux passa, en 1597, de la famille des Baillet à celle des Potier de Gesvres par le mariage de Charlotte Baillet, fille de René Baillet (mort en 1576), avec Louis Potier, conseiller du roi, secrétaire de ses commandements. A cette date, nous sommes au seuil de l'époque où va commencer la période la plus brillante de l'histoire de Sceaux.

Louis Potier, qui paraît avoir eu pour sa nouvelle seigneurie une prédilection marquée, — et disons-le fort légitime, — fit reconstruire le vieux logis des aïeux de sa femme, celui où, en 1470, Louis XI avait passé une nuit chez Jean Baillet, maître des requêtes de son hôtel. Son fils, Antoine Potier, secrétaire d'État, obtint que la terre de Sceaux fût le siège d'une châtellenie, par lettres patentes que le Parlement enregistra le 10 janvier 1613.

C'est en ce temps qu'apparaît pour la première fois le fameux marché de Sceaux, dont tant d'historiens (M. Advielle n'est pas du nombre), ont eu le tort d'attribuer la création à Colbert. Dans son précieux *Traité de la police* (1713, in-fol., t. II, pp. 503 et suiv.), Delamare nous fournit à son sujet des renseignements circonstanciés, et des actes jusque-là inédits qu'il nous suffira de résumer brièvement. Les religieuses de l'abbaye de Montmartre, qui possédaient la terre de Bourg-la-Reine, avaient obtenu, par arrêt du Parlement du 7 février 1600, l'autorisation d'aliéner une partie de leur temporel en ce lieu jusqu'à concurrence d'une somme égale à 4.500 livres, somme qu'elles reçurent le 1er mai de la même année du marquis de Gesvres. En 1612, Antoine Potier acquit, par lettres patentes, le droit de créer, sur le territoire ainsi acheté, deux foires par an et un marché par semaine. Depuis, les religieuses protestèrent contre l'aliénation qu'elles avaient faite en 1660 et un arrêt du 29 janvier 1667 les remit en possession de leur terre. Le marquis de Gesvres réclama alors le transport des foires et du marché sur le territoire de Sceaux, et cette translation lui fut accordée par lettres patentes de mai 1667. Un long procès s'engagea devant le Parlement, les religieuses s'étant opposées à l'enregistrement de ces lettres, mais la famille de Gesvres eut finalement gain de cause; le marché de Sceaux était définitivement créé. On sait que, pendant deux cents ans, il fut une source de profits considérables pour les deux villes de Sceaux et de Bourg-la-Reine, qui protestèrent vivement lorsqu'il fut question de le transférer à La Villette; mais elles n'avaient pas apparemment, auprès du souverain, le même crédit que le marquis de Gesvres, car la translation fut consommée en 1867.

Le 11 avril 1670, — pour revenir à la suite chronologique des faits, — Colbert acheta aux Potier la terre de Sceaux, moyennant 135.000 livres. Rien ne pouvait être plus avantageux à la petite ville que le séjour du puissant ministre, ami du roi, et elle y gagna beaucoup, en effet. C'est lui qui fit confirmer les lettres patentes, déjà obtenues en 1624, érigeant Sceaux en baronnie, lui qui augmenta et affermit les privilèges du marché, qui fit construire, ou au moins agrandir et rendre plus somptueux le château dont la destruction demeure encore aujourd'hui si regrettable. Perrault, déjà illustre par la construction de la colonnade du Louvre et de l'Observatoire, en fut l'architecte; Lebrun fut chargé de la décoration artistique et fit, notamment, de la chapelle une merveille; Lenôtre dessina les jardins avec son talent ordinaire. En somme, ces trois artistes firent du château une demeure digne de l'homme qui l'habitait; aussi le roi ne dédaigna-t-il pas d'y venir à deux reprises le visiter et l'admirer, en 1677 et en 1685. Les gazettes du temps en fournissent des relations détaillées.

Lors de cette seconde visite, Colbert était mort depuis deux ans (6 septembre 1683). Ce fut son fils aîné, le marquis de Seignelay, héritier de la seigneurie, qui en fit les honneurs à Louis XIV et à Mme de Maintenon. Pendant les sept années que vécut Seignelay, — mort prématurément le 3 novembre 1690, — Sceaux fut le théâtre de nombreuses fêtes et de festins magnifiques, l'objet de nouveaux embellissements (c'est alors que furent creusés le grand canal et l'octogone) dont on trouvera l'exposé complet dans le livre de M. Advielle.

La seigneurie de Sceaux resta indivise entre les héritiers de Seignelay jusqu'en 1699. C'est ici le lieu de mentionner un fait intéressant, que les historiens locaux ont ignoré: La Bruyère eut à Sceaux une résidence qu'il conserva jusqu'à sa mort. On en a la preuve par l'acte de procuration dressé au moment de sa mort en 1696, pour assurer les droits de ses enfants mineurs; il y est dit que parmi les biens à répartir se trouve « une petite portion de maison, jardin et cinq arpens huit perches de terre et pré, situez au village de Seaux ».

Les enfants de Seignelay étaient, eux aussi, encore mineurs lorsque le domaine de Sceaux fut vendu en leur nom au duc du Maine, moyennant 530.000 livres en principal et diverses charges à acquitter: telles que, 40 livres de rentes au curé de Sceaux pour compenser la dîme que l'agrandissement du parc lui avait fait perdre, les honoraires du chapelain, des rentes dues au Chapitre de Notre-Dame, à l'abbaye de Saint-Germain-des-

Prés, etc., également pour les dimes qu'ils avaient dans le parc. L'acte est du 20 décembre 1699 [1].

Louis-Auguste de Bourbon, duc du Maine, avait vingt-neuf ans, — étant né en 1670, — lorsqu'il fit cette acquisition. Il était fils naturel de Louis XIV et de Mme de Montespan, et, légitimé en 1673, il ne fut reconnu prince du sang qu'en 1714. Le 19 mars 1692, il avait épousé Louise-Bénédicte de Bourbon, petite-fille du grand Condé, plus jeune de six ans que lui.

Elle était fort spirituelle, aimait très vivement les plaisirs de l'esprit et s'entourait constamment des littérateurs et des poètes les plus en vogue alors : Fontenelle, Chaulieu, l'abbé Genest, Voltaire, Malézieu, etc. Ce groupe de beaux esprits forma ce qu'on appelait la Cour de Sceaux. Il faudrait un volume, — il en a été écrit plusieurs — (voy. à la Bibliographie), pour raconter les *Divertissements de Sceaux*, les *Grandes Nuits de Sceaux*. Une dame de compagnie de la duchesse, Mlle Delaunay, plus tard baronne de Staal, était une des plus habiles organisatrices de toutes les réjouissances ; elles les a racontées dans des *Mémoires* pleins de charme. Elle a raconté aussi, — car elle fut amenée à jouer en cette affaire un rôle personnel, — comment, dans les derniers jours de l'année 1718, une circonstance inattendue interrompit brusquement ces fêtes. On ne s'était pas, à Sceaux, occupé que du culte des Muses. Le duc, la duchesse du Maine et leurs plus intimes familiers avaient ourdi une véritable conspiration ayant pour objet, d'accord avec Cellamare, ambassadeur d'Espagne, de substituer en France l'autorité du roi d'Espagne à celle du régent.

C'était trahir la France ; mais on sait qu'il y a deux siècles, le sentiment du patriotisme national était encore lettre morte, surtout au regard des grands du royaume, et le duc du Maine ne pardonnait pas au duc d'Orléans de jouir des prérogatives qu'il s'était cru réservées. Le complot fut découvert, — et l'exil pour les

1. Voici ce que dit Saint-Simon de cette acquisition :
« En même temps M. du Maine acheta, des héritiers de M. de Seignelay, la belle et délicieuse maison de Sceaux, où M. Colbert et, beaucoup plus, M. de Seignelay avaient mis des sommes immenses. Le prix fut de neuf cent mille livres qui allèrent bien à un million avec les droits, et si [cependant] les héritiers en conservent beaucoup de meubles et pour plus de cent mille francs de statues dans les jardins. Aux dépenses prodigieuses de Mme du Maine, on peut présumer que M. du Maine n'aurait pas été en état de faire une telle acquisition sans les bontés ordinaires du roi pour lui. » (Saint-Simon, éd. Chéruel, in-12, tome II, p. 110).

uns, la Bastille pour les autres, châtièrent les conjurés. Ce ne fut que pour un temps, d'ailleurs, car, peu après, la clémence du duc d'Orléans, en pardonnant à tous, permit que les fêtes de Sceaux pussent être reprises, et elles le furent en effet jusqu'à la mort de la duchesse du Maine, qui survint en 1753. Ses deux fils, Louis-Auguste de Bourbon, prince de Dombes, et Louis-Charles de Bourbon, comte d'Eu, ce dernier né et mort à Sceaux, possédèrent la seigneurie jusqu'à leur mort, celle du premier en 1755, celle du second en 1775.

La terre devint, à cette dernière date, l'héritage de Louis-Jean-Marie de Bourbon, duc de Penthièvre, fils du comte de Toulouse, et par conséquent neveu du duc du Maine. Ce fut le dernier seigneur de Sceaux ; il y laissa un aimable souvenir, dû surtout au fait d'y avoir hébergé, protégé, pensionné Florian. M. Advielle rapporte avec à propos que le 15 mai 1788, le lendemain de la réception de Florian à l'Académie, le duc offrit une réception dans son château à tous les membres de la compagnie; il lui était impossible de célébrer avec plus de goût la victoire littéraire du « gentilhomme de sa maison ».

Il convient de dire que la ville de Sceaux se nommait alors officiellement Sceaux-Penthièvre, de même qu'auparavant, depuis l'année 1700, on l'appelait Sceaux-du-Maine.

On a peine à se représenter quels sentiments durent être ceux des habitants d'une ville comme Sceaux pendant les cinq années que dura la Révolution. Ils avaient contemplé, — encore que de loin, — la vie seigneuriale, — nous allions dire féodale, — de leurs riches châtelains. Pouvaient-ils imaginer que celui qu'ils nommaient si respectueusement « Monseigneur », — trois ans plus tard, on le désignerait dans des actes officiels sous le nom de « ci-devant prince » ou de « M. Bourbon-Penthièvre », ou encore de « citoyen Penthièvre ». Pouvaient-ils croire qu'avant peu, l'un des leurs, — comme nous allons le dire, — répudierait avec dégoût le nom de Bourbon qu'il portait? L'exercice des libertés communales que leur octroya la Révolution dut être pour eux plus imprévu, plus surprenant que dans beaucoup d'autres localités, comme, pour nous-même, le contraste est plus frappant entre ce qui vient d'être dit et ce qui va l'être.

Le premier acte de leur émancipation fut la rédaction du cahier de doléances destiné aux États généraux. M. Advielle n'a pas cru devoir en reproduire le texte ; nous en donnons ici quelques extraits et un résumé :

CAHIER DES VŒUX, DOLÉANCES, PLAINTES ET REPRÉSENTATIONS DES HABITANTS DE LA PAROISSE DE SCEAUX-PENTHIÈVRE, PRÈS PARIS

L'assemblée générale de la paroisse de Sceaux-Penthièvre, convoquée au son de la cloche, en la manière accoutumée et tenue ce jourd'hui 12 avril 1789, jour de Pâques, après la messe paroissiale, pour obéir aux ordres du Roi, portés par ses lettres, données à Versailles le 24 janvier dernier, et satisfaire aux dispositions du règlement y annexé pour la convocation et tenue des États généraux de ce royaume, le tout lu, publié et affiché dans la forme qui est prescrite, et de nouveau lu et publié en la présente assemblée; les articles desdits vœux et doléances expliqués et discutés ont été réduits à ceux qui suivent, qu'ils désirent être accueillis pour le bien de l'État et la félicité publique, de manière qu'il a été arrêté de requérir, sous la protection du prince bienfaisant qu'ils ont le bonheur d'avoir pour baron de ce lieu.

Le cahier comporte 35 articles, qui paraissent, pour la plupart, analogues dans leurs termes mêmes à la grande majorité des vœux exprimés dans d'autres bourgs : réduction des impôts à un seul ; — suppression de tous les privilèges, du droit de franc-fief, du droit de lods et ventes pour les échanges ; — suppression des capitaineries et des remises, tant vertes que sèches ; — destruction des lapins, du droit de colombier ; — obligation pour les laboureurs d'approvisionner de blé les marchés proportionnellement au nombre de charrues qu'ils emploient ; — réduction de toutes les mesures à une seule ; — suppression de la mendicité ; — création d'un bureau de charité dans chaque paroisse ; suppression de la gabelle, des droits d'aides et du gros manquant, des droits rétablis qui se perçoivent dans la banlieue ; — suppression des milices « comme étant ruineuses pour les familles et contraires au bonheur des campagnes » ; — exemption d'impôts pour les habitations occupées par les gens de la campagne ; — diminution des droits de timbre, de contrôle, d'insinuation.

L'article 33 est le seul consacré aux intérêts locaux :

Que le projet du canal de l'Yvette, autorisé par arrêt du Conseil rendu sur requête non communiquée, le 3 novembre 1787, soit supprimé comme inutile par lui-même à la ville de Paris, destructif des campagnes qu'il traverse et à perpétuité ruineux pour les habitants qui les occupent à cause des plantations, humidités et brouillards qui détruiront la fleur des vignes et des arbres fruitiers qui sont la richesse et font le commerce des villages de Sceaux et de ceux circonvoisins qu'il droit traverser.

L'article 34 réclame une indemnité pour les propriétaires des terrains déjà fouillés, la destruction des plantations qui y étaient et leur non-jouissance.

L'article 35 réclame qu'il soit statué sur les autres vœux formulés par les villes, bourgs, villages et communautés, et « qui auront pour objet l'intérêt de l'État, celui de la nation en général et le soulagement du peuple français ».

Les signataires furent : Dupuis ; Alame ; Vangelun ; Léridon ; Girabel ; Legros ; Courtois ; Chavanon ; Striley ; Champagne ; Pigeaux ; Montchaussier ; Dorléans ; Dutu ; Benoist Noblet ; Boutemotte ; Thoré ; Pierre Duchesne ; Tourneur ; Bayeux ; Benoît-Nicolas Saunier ; Jean-Baptiste Lamy ; François Balland ; Marin Chevillon ; Daubouin ; Gilles Bigot ; Moulez-Lepreste ; Chamru ; Dupuis ; Glot ; Benoist Minard ; Brûlé ; Gaignat ; Desgranges ; Guoguelet et Tessier-Dubreuil [1].

Le 7 février 1790, les citoyens, réunis dans l'église, élurent leur premier maire : Richard Glot, « entrepreneur et propriétaire de la manufacture de faïence et porcelaine de Sceaux » [2]. Nicolas Garnon fut élu procureur-syndic, puis l'assemblée nomma cinq officiers municipaux et un Conseil général de la commune, composé de douze membres.

Désormais, les registres municipaux, dont la collection complète est conservée à la mairie de Sceaux, vont nous servir presque exclusivement de guide dans l'exposé des faits intéressant l'histoire de la ville.

Dès 1790, le duc de Penthièvre accorda aux habitants la liberte de pénétrer et de se promener dans son parc.

Le 6 octobre 1792, fut prise une délibération portant destruction dans l'église des bancs d'œuvre, du banc particulier et de la chapelle du ci-devant prince de Penthièvre, en raison de ce que « toutes ces places de distinction blessent le régime de la liberté et de l'égalité ».

Le 13 octobre 1793, l'administration municipale reçut solennellement, « dans la grande salle du district de Bourg-l'Égalité », une pierre de la Bastille offerte par Palloy. Ce personnage, dont une voie porte le nom à Sceaux, habitait la petite ville depuis

1. *Archives parlementaires*, t. V, pages 115-116.

2. La manufacture royale de porcelaine de Sceaux avait été fondée par la duchesse du Maine en 1745, et son établissement confirmé par lettres patentes du mois de mai de la même année. Glot en était directeur depuis 1772. Cette fabrication artistique n'existe plus à Sceaux depuis de longues années, mais les bâtiments où elle s'exerçait sont encore debout, à l'angle de la rue des Imbergères et de celle du Marché.

plusieurs années déjà, pendant la belle saison. Entrepreneur de travaux publics, c'est lui, on le sait, qui fut chargé de la démolition de la Bastille et se fit une réputation de « patriote » en en expédiant des pierres à toutes les communes qui le désiraient, ce qui ne l'empêcha pas d'être arrêté, plus tard, à Sceaux même, le 11 prairial an III (31 mai 1795), pour le rôle qu'il avait joué pendant la Terreur. Relâché peu après, « le patriote Palloy » implora par la suite la faveur de tous les gouvernements qui se succédèrent. Il mourut à Sceaux le 19 janvier 1835, et des discours patriotiques furent prononcés sur sa tombe. On montre, rue des Imbergères, n° 37, la maison qu'il s'était fait construire, vraisemblablement avec des pierres de la Bastille, et qui servit, pendant quelque temps, de sous-préfecture.

Ce même jour, 13 octobre 1793, la commune apprit que la Convention venait de rendre le décret suivant :

La Convention nationale, sur la pétition de la Société populaire de Sceaux, convertie en motion par un membre, décrète que la commune de Sceaux portera désormais le nom de *Sceaux-l'Unité* (Arch. nat., AD1, 61).

Le « quatrième jour du 2e mois de l'an II » (25 octobre 1793), la municipalité décida qu'il y avait lieu de « descendre » les cloches de l'église, « sauf la grosse sur laquelle frappe l'horloge, et la petite qui sonne les messes ».

Cette dernière n'allait pas tarder à disparaître à son tour, ainsi que le prouve la délibération suivante, du 1er frimaire an II (21 novembre 1793) :

Un membre a dit que l'assemblée générale de cette commune, en sa séance du 28 brumaire, ayant arrêté qu'elle adoptait la liberté pour seule ydole, et que celles de la superstition sacerdotale seroient portées à la Convention, afin que le règne de la philosophie succède à celui de l'erreur, il est nécessaire d'indiquer le jour que les citoyens commissaires nommés en feront le transport. Cette motion ayant été appuyée et un membre ayant annoncé que la Société populaire et républicaine ayant arrêté une fête en l'honneur des martyrs de la liberté et en mémoire de notre régénération pour le decadi 10 de ce mois, et une députation étant nommée pour aller à la Convention, le quintidi prochain, et l'inviter d'y envoyer une députation, il est nécessaire en suivant le vœu de la Société de prendre, le même jour, cette proposition est également appuyée.

Le Conseil général considérant que le jour de la Raison doit ensevelir le fanatisme expirant, arrête que, le quintidi prochain, tous les objets, tant en argent qu'en cuivre, étant dans l'église et la chapelle du marché qui servoient au culte, seront portés à la Convention pour être envoyés à la Monnoye et convertis en espèces républicaines...

Voici maintenant, toujours d'après les registres des délibérations municipales, un acte auquel nous faisions tout à l'heure allusion, et qui prouve quel était l'état des esprits à cette époque :

Du premier nivôse de l'an second [21 décembre 1793].... la délibération s'étant continuée sur la pétition du citoyen Alexandre-Henry Bourbon, domicilié en ce lieu, tendant à ce que le nom Bourbon que le hasard a donné à son père, et qui est le même que celui de la famille du cy-devant roi Capet, soit changé en celui de Tariel, qui est le nom de son père du côté des femmes :

Le Conseil approuvant la demande dudit citoyen, après avoir entendu l'agent national auprès de la commune, l'autorise de prendre à l'avenir le nom de Tariel au lieu de celui qu'il portait auparavant, et dont la prononciation rappelle aux républicains le souvenir de la tyrannie et du despotisme...

Le 23 juin 1792, un arbre de la liberté avait été planté devant l'église, mais il ne tarda pas à mourir ; aussi, le 10 pluviôse an II (29 janvier 1794), on le remplaça par un autre, au même endroit, « à l'encoignure du petit jardin de la commune tenant au temple de la Raison du côté du pavé ». C'est précisément l'emplacement du monument de Florian.

Le 3 prairial an II (22 mai 1794), l'inscription que portait l'église : Temple de la Raison, fut effacée et remplacée par celle-ci qu'ordonnait le décret du 18 floréal : « Le peuple français reconnait l'Etre suprême et l'immortalité de l'âme. »

Cependant, le duc de Penthièvre était mort au commencement de mars 1793, et, par un sentiment des plus louables, la municipalité s'était associée, le jour de ses obsèques à Dreux, aux sentiments de regrets que sa mort inspirait. En revanche, elle n'eut qu'ingratitude pour Florian qui, en 1789, avait accepté les fonctions de commandant de la garde nationale, et qui, au mois de juillet 1794, fut arrêté comme suspect et jeté en prison, à Port-Libre (ancienne abbaye de Port-Royal à Paris, aujourd'hui la Maternité). Le doux fabuliste ayant été reconnu innocent, grâce à l'intervention de Boissy d'Anglas, ne demeura détenu que vingt-cinq jours ; mais l'angoisse, le séjour malsain de la prison avaient ruiné sa santé ; il ne revint dans sa maison de Sceaux, rue du Petit-Chemin (aujourd'hui rue des Écoles, 19), que pour y mourir un mois après, le 27 fructidor an II (13 septembre 1794). Son décès fut enregistré ainsi qu'il suit par l'officier public de la commune :

Aujourd'hui, vingt-septième jour du mois de fructidor de l'an deuxième de la République, une et indivisible, à six heures du soir, par devant moi Claude-Edme Patois, membre du Conseil général de la commune de Sceaux-l'Unité, département de Paris, et officier public de ladite commune par délibération du 30 décembre 1792 *(style esclave)* pour recevoir des actes destinés à constater les naissances, mariages et décès des citoyens, sont comparus en la maison commune François-Germain Mercier, citoyen, âgé de trente-six ans, domicilié en cette commune, rue de Brutus, Jean-Louis Courtois, maçon, âgé de cinquante ans, et Jean-Jacques Moullé, tailleur, âgé de trente-trois ans, tous deux domiciliés en cette commune, le premier rue de Voltaire et le second rue de l'Unité, lesquels François-Germain Mercier, Jean-Louis Courtois et Jean-Jacques Moullé m'ont déclaré que Jean-Pierre-Clarice Florian, homme de lettres, est mort ce jourd'hui, vingt-septième jour du mois de fructidor, en son domicile, heure de midi, âgé de trente-neuf ans. D'après cette déclaration, je me suis sur-le-champ transporté au lieu de ce domicile, je me suis assuré du décès de Jean-Pierre-Clarice Florian et j'en ai dressé le présent acte, que François-Germain Mercier, Jean-Louis Courtois et Jean-Jacques Moullé ont signé avec moi.

Fait en la maison commune de Sceaux-l'Unité, les jour, mois et an ci-dessus.

(Signatures)

Florian fut inhumé dans le cimetière de la commune, situé alors dans la même rue du Petit-Chemin, à quelques pas de la maison mortuaire. Nous dirons plus loin ce qu'il advint de sa sépulture et quel hommage l'attendait.

La ville de Sceaux a lieu d'être fière d'avoir été, vers ce temps, le séjour de l'illustre Bernadotte, le futur roi de Suède, qui s'y maria, le 30 thermidor an VI (17 août 1798), ce qui valut à la mairie la présence, ce jour-là, de quelques-uns des hommes les plus célèbres d'alors, et leur signature au bas de l'acte de mariage :

Aujourd'huy, trente thermidor de l'an sixième de la République françoise une et indivisible, à sept heures du soir, par devant moi Étienne Bouvet, agent municipal de la commune de Sceaux-l'Unité, chef-lieu de canton, département de la Seine, sont comparus en la maison commune pour contracter mariage: Jean-Baptiste Bernadotte, âgé de trente-cinq ans, général divisionnaire des armées de la République, demeurant actuellement en cette commune, fils de defunct Henry Bernadotte, procureur du sénéchal de Pau, département des Basses-Pyrénées, et de Jeanne de Saint-Jean, son épouse, et Bernardinne-Eugénie-Désirée Clary, âgée de dix-huit ans, fille mineure de defunct François Clary, négociant de Marseille, et de Françoise-Rose Somis, ses père et mère, résidente actuellement à Gênes, lesquels futurs conjoints étaient accompagnés de Antoine Morin, âgé de vingt-six ans, capitaine au 20e régiment de chasseurs à cheval, demeurant actuellement en la commune, de François Desgranges, âgé de cinquante et un ans, notaire public domicilié en cette commune, de Joseph Bonaparte, membre du Conseil des Cinq-Cents, fondé de pouvoirs de la citoyenne Françoise-Rose Somis, veuve de défunt François Clary, suivant l'acte cy-après daté, de Justinien-Victoire Somis, âgé de cinquante ans, propriétaire, demeurant à Paris, place Vendôme, numéro huit, oncle de la future, et de Lucien Bonaparte. âgé de vingt-six ans, aussi membre du Conseil des Cinq-Cents, demeurant à Paris, rue du Rocher, ainsi que son frère susnommé, et moi Étienne Bouvet, agent municipal, à cause de la minorité de ladite Bernardinne-Eugénie-Désirée Clary, et conformément à la loi du 14 septembre 1793, après avoir fait lecture en présence des parties et desdits témoins : 1° de l'extrait de la procuration donnée par la mère de ladite mineure au citoyen Bonaparte susnommé, à l'effet de consentir à son mariage, lequel extrait a été délivré ce jour d'huy, par le notaire public à la résidence de cette commune comme dépositaire du brevet original de ladite procuration annexée à la minute du contrat de mariage qu'il a reçu ledit jour ; 2° du certificat délivré le vingt-cinq de ce mois par l'administrateur municipal du canton de Paris, constatant que l'acte de publication cy-après a été affiché pendant le temps prescrit par la loi sans opposition, ledit certifficat signé Roblastre, administrateur, et Pannequier, secrétaire en chef; 3° de l'acte de publication de mariage entre les futurs conjoints, dressé par moi, agent municipal susnommé, le vingt-trois de ce mois, publié à haute voix et affiché ledit jour, conformément à la loi du 20 sepembre 1792; 4° de l'extrait de l'acte de naissance dudit citoyen Bernadotte, du 26 janvier 1763, tiré des registres de la commune de Pau et autres pièces.

Après aussi que Jean-Baptiste Bernadotte et Bernardinne-Eugénie-Désirée Clary ont eu déclaré à haute voix se prendre mutuellement pour époux, j'ai prononcé, au nom de la loi, que Jean-Baptiste Bernadotte et Bernardinne-Eugénie-Désirée Clary sont unis en mariage, et j'ai rédigé le présent acte en présence des parties et desdits témoins, qui ont signé avec moi, ainsi que d'autres parents et amis présents.

Fait en la maison commune à Sceaux-l'Unité les jour, mois et an susdits.

J. Bernadotte

B.-E. Clary. — Lucien Bonaparte. — Somis. — Maurin. — Bonaparte. — Christine Bonaparte. — Clary. — Bonaparte.

Bouvet, agent municipal.

On n'ignore pas que la jeune Mme Bernadotte était la sœur cadette de Mlle Julie Clary, mariée à Joseph Bonaparte, et qui devint reine de Naples, puis d'Espagne, tandis que sa sœur allait, plus tard, monter sur le trône de Suède.

Il nous faut maintenant revenir à des faits plus prosaïques.

En cette même année 1798, la municipalité se rendit propriétaire de ce que l'on nomme aujourd'hui le Parc de Sceaux, et qu'on appelait alors la Ménagerie. C'était une dépendance du grand parc du château, qui en était séparée par la rue Houdan. Tout le domaine du duc de Penthièvre avait été acquis à vil prix, comme bien national, par un certain M. Lecomte qui eut la déplorable inspiration de démolir l'admirable château de Colbert afin d'utiliser son emplacement pour la culture! Il serait donc injuste de mettre au compte du « vandalisme » de la Révolution un acte dû à l'initiative... et à l'avarice privées. D'ailleurs, la tourmente était passée depuis longtemps, alors que la chapelle du château était encore debout. Nous en avons la preuve par une lettre qu'en 1801, « un ami des arts » adressait au ministre de l'intérieur, Chaptal, qui la transmit à Lenoir, administrateur du Musée des monuments français. Le ton déclamatoire qu'emploie cet ami des arts n'exclut pas la justesse des idées exprimées :

Citoyen ministre,

On ne peut faire un pas sans rencontrer des ruines déplorables qui attestent que le droit d'acquérir est aujourd'hui le droit de détruire tous les monuments du goût et des arts qui faisaient l'ornement de la France et l'admiration des étrangers.

J'ai eu lieu de faire cette observation en allant à Sceaux. Je ne vous parlerai ni de la destruction des ombrages délicieux sous lesquels les femmes les plus aimables inspirèrent les poètes les plus spirituels, ni des ruines de ces cascades qui présentaient à l'imagination séduite autant de grottes habitées par des Naïades, et dont le doux murmure semblait inviter les Faunes voisins à descendre dans leurs ondes. Il ne reste de tout cela qu'un terrain dévasté, et des eaux stagnantes qui répandent des exhalaisons nuisibles. Un autre acquéreur pourra relever, un jour, les ruines entassées par les spéculations du propriétaire actuel, mais rien ne pourrait réparer la destruction de la chapelle qui heureusement subsistait encore. Bientôt, hélas! elle sera détruite, si quelque main amie des arts ne s'empresse de prévenir ce malheur.

La voûte de cette chapelle est l'une des plus belles que je connaisse après la voûte du ciel, vers laquelle l'homme de bien aime à porter ses regards pour admirer l'ordre et l'harmonie qu'il cherche en vain autour de lui. Cette voûte est l'ouvrage de notre immortel Lebrun. Audran l'a jugée digne de son burin, et la gravure en sera conservée tant que le goût des arts ne sera pas totalement éteint.

Déjà, le pavé de cette chapelle, qui est de beau marbre à compartiments, gémit sous le poids des poutres et des établis qui le brisent. Les peintures, aussi fraîches qu'elles l'étaient il y a cent ans lorsqu'elles sortirent du génie et du pinceau de Lebrun, par le caractère d'immortalité que cet artiste savait imprimer à ses ouvrages, ne peuvent échapper aux dégradations des ouvriers à qui l'édifice sert d'atelier. Cela est d'autant plus probable qu'elles représentent un sujet pieux : *L'ancienne loi faisant place à la nouvelle*...... (*Archives du Musée des monuments français*, 1re partie, p. 242.)

Cette protestation fut vaine, et, peu après, la chapelle subit le même sort que le château proprement dit. Seul, le bâtiment que l'on appelait « le petit château » subsista. Construit, lui aussi, du temps de Colbert, il servait d'auditoire : c'est là qu'était rendue la justice seigneuriale. Cette circonstance le sauva, car on en fit, — par location, — la sous-préfecture, lorsque la Constitution de l'an VIII eut créé les chefs-lieux d'arrondissement, et que Sceaux fut choisi pour être l'un d'eux.

Ce choix sans doute était une compensation à tout ce que Sceaux avait perdu en perdant son château. Ses habitants avaient vivement protesté, en 1790, contre la fixation du chef-lieu de district à Bourg-la-Reine. Ce fut leur tour d'être en proie aux récriminations d'une partie des communes de l'arrondissement lorsqu'ils obtinrent la sous-préfecture. Dès que la nouvelle en fut connue, la municipalité de Choisy-le-Roi (alors Choisy-sur-Seine) protesta avec une grande vivacité et réclama pour elle ce privilège. Celles de Vincennes, de Montreuil et de Villejuif se joignirent à elle. Le tempérament du premier consul, — elles auraient dû le savoir, — ne se prêtait guère à admettre la critique. Les protestations cessèrent donc aussitôt. La preuve que Napoléon leur avait imposé silence, c'est qu'elles se firent de nouveau entendre dès qu'il fut parti pour l'île d'Elbe. Il existe sur ce sujet aux Archives nationales, sous la cote F[21], 529, un dossier de pièces que nous croyons utile de reproduire ou d'analyser :

Extrait du registre des délibérations du Conseil municipal de Sceaux, légalement assemblé en vertu d'un arrêté de M. le Sous-Préfet en date du 16 juillet 1814, approuvé le 23 du même mois par M. le Préfet du département.

Le Conseil municipal de la commune de Sceaux, informé par les habitans de Choisy, sur les démarches pour obtenir que le siège de la sous-préfecture soit transféré dans leur commune, croit devoir rappeler les divers motifs qui, dans l'origine, ont fait établir à Sceaux le chef-lieu de la sous-préfecture, motifs qui toujours ont prévalu sur les continuelles demandes de la commune de Choisy.

Sans doute, il seroit plus convenable que le Conseil de l'arrondissement, juge compétent en cette matière, repoussât la réclamation des habitans de Choisy, mais si l'on fait attention que, depuis près de quinze ans, ce Conseil n'a jamais adressé la moindre plainte sur la fixation du chef-lieu de la sous-préfecture, on sera parfaitement convaincu qu'il approuve les raisons qui ont déterminé cette fixation.

On reconnoîtra que les avantages résultant pour la commune de Sceaux de l'établissement en question dans son sein ne sont qu'un motif très secondaire en comparaison des vues d'intérêt général. En effet, quand il s'est agi de former un district, où le plaça-t-on ? Au Bourg-la-Reine. On pensa, dès lors, comme on a pensé depuis, qu'une pareille administration devoit être facilement abordée, se trouver sur la route la plus importante et par laquelle on se procuroit, sans peine comme à bon compte, des moyens de transport; que, de la commune la plus éloignée (Villemomble), il y avoit à peine pour trois heures de marche; que les chemins conduisant au chef-lieu, de toutes les parties de l'arrondissement, étoient beaux et commodes; que l'administration se trouvoit près de l'important marché qui se tient à Sceaux, le lundi de chaque semaine; qu'enfin, le chef-lieu de district se trouvoit situé dans le canton le plus riche en propriétés territoriales, supportant le plus de contributions et le plus fort en population: le canton de Sceaux compose, à lui seul, le tiers de la population de l'arrondissement.

Ces raisons prévalurent, lors de la création de la sous-préfecture à Sceaux, éloigné d'un petit quart de lieue du Bourg-la-Reine, avec lequel il communique par une superbe route pavée qui, s'embranchant ensuite avec d'autres, fournit de nombreux moyens de circulation. Sceaux fut choisi, de préférence au Bourg-la-Reine, sans que cette dernière commune s'en plaignît: 1° parce que le grand marché aux bestiaux en dépend; 2° parce qu'il étoit déjà chef-lieu de canton; 3° parce que, beaucoup plus considérable que le Bourg-la-Reine, il présentoit plus de commodités pour le logement de divers fonctionnaires; 4° parce que le sous-préfet seroit également à portée à Sceaux de surveiller la maison d'arrêt du Bourg-la-Reine.

Sur quoi donc les habitans de Choisy peuvent-ils fonder leurs prétentions? Sur ce que leur commune est plus centrale. D'abord, Choisy est à l'extrémité d'un des rayons; en second lieu, ne sait-on pas qu'il n'y a pas de véritable centre dans un demi-cercle? Or, l'arrondissement présente cette figure; ajoutons que la commune de Choisy qui n'est pas même chef-lieu de canton, est traversée par une route très peu fréquentée. C'est donc uniquement en vue de leur intérêt particulier que les habitans de Choisy revendiquent le siège de la sous-préfecture. Bientôt, si l'on accueilloit leur demande, on verroit d'autres communes élever des prétentions beaucoup mieux fondées.

C'est en grande connaissance de cause que Sceaux a été désigné pour le chef-lieu de la sous-préfecture; or la preuve acquise, depuis quinze ans qu'il se trouve placé en ce lieu, qu'on ne s'etoit pas mépris sur les effets de la position, puisque, si l'on en excepte la réclamation personnellement intéressée de la commune de Choisy, il ne s'est élevé aucune plainte à raison de la fixation du chef-lieu; qu'au contraire, on en sent journellement les avantages généraux.

Si donc, il ne peut résulter du déplacement qu'une lésion des convenances et de l'intérêt public avec un surcroît de dépense considérable pour frais d'emménagement, sans aucun avantage que pour la commune de Choisy qui, dans le fond, n'a pas de motif plausible en ce qui concerne ses relations pour réclamer contre l'établissement du chef-lieu de la sous-préfecture à Sceaux, on ne balancera point, comme on l'a toujours fait, à rejeter la demande de cette commune. On fixeroit ce chef-lieu à Vitry, sur la même route, et bien plus considérable que Choisy, que les habitans de cette dernière commune ne seroient pas satisfaits. C'est chez eux qu'ils veulent l'établissement: peu leur importe le reste.

Le Conseil municipal prie Monsieur le Maire de soumettre ces observations, que le Conseil adopte en leur entier, à l'autorité supérieure, et d'en suivre l'effet.

Délibéré à Sceaux le trois septembre 1814. Signé....

Le Sous-Préfet du deuxième arrondissement du département de la Seine certifie que les faits et raisons allégués par le Conseil municipal de Sceaux sont exacts et que, dans tous les tems, ces raisons ont fait rejeter les diverses demandes des habitans de Choisy, tendantes à la translation du siège de la sous-préfecture.

Sceaux, ce trois septembre 1814.

Le Sous-Préfet,

HOUDEYER.

Divers documents relatifs à cette affaire figurent au même dossier : 1° d'abord, une pétition au Roi, signée (autographe) par plusieurs fonctionnaires et propriétaires de Sceaux et du canton, et non datée ; les arguments formulés dans la délibération que l'on vient de lire s'y trouvent reproduits à peu près dans les mêmes termes ; 2° une lettre du comte Duchâtel, directeur général de l'enregistrement et des domaines, au Ministre de l'intérieur, reçue le 2 septembre 1814, et ainsi conçue :

MONSEIGNEUR,

Les habitans de Sceaux sont dans l'allarme : on leur parle de la translation à Choisy de la sous-préfecture qui existe chez eux, comme chef-lieu d'arrondissement, depuis sa création ; ils s'adressent à moi qui y suis propriétaire pour que je vous fasse entendre leurs réclamations. Permettez, Monseigneur, que je cède à leurs vœux, et que je vous supplie en leur nom de leur conserver leur titre et leur rang parmi les arrondissements. Choisy n'est pas même un chef-lieu de canton. Si cette petite ville a fait des pertes, Sceaux en a fait aussi ; sa position est digne de votre intérêt ; cette ville a pour elle la possession ; vous êtes juste et vous ne voudrez pas la faire dépouiller.

Je vous aurai, en mon particulier, une obligation particulière de votre bienveillance pour un lieu qui rappelle de grands souvenirs.

Veuillez, Monseigneur, agréer avec bonté mon très respectueux hommage.

LE COMTE DUCHATEL.

3° La réponse, en date du 17 septembre 1814, faite au comte Duchâtel par « le Conseiller d'État, directeur de la correspondance » :

MONSIEUR LE COMTE,

Le Ministre et secrétaire d'État de l'intérieur, auquel vous avez écrit le 31 août, me charge de vous répondre qu'aucune demande n'a été faite pour transférer la sous-préfecture de Sceaux à Choisy, et de vous assurer que dans le cas où cette demande serait formée, il prendrait en considération tout ce que l'intérêt particulier que vous voulez bien accorder aux habitans de Sceaux permettrait de concilier avec l'intérêt public.

4° Enfin, une lettre datée du (17) mars 1815, adressée par le directeur de la correspondance au Préfet de la Seine pour lui transmettre une nouvelle pétition des habitants de Sceaux sur le même objet. Ce texte manque au dossier, mais la lettre d'envoi prouve que, six mois après les tentatives dont il vient d'être question, la commune de Choisy poursuivait encore ses espérances.

La période des Cent-Jours empêcha qu'on y donnât suite. Ce n'est qu'en 1835 que la question fut reprise, et toujours avec la même âpreté. Ici encore, il faut citer intégralement, malgré sa longueur, le texte de la délibération prise par le Conseil municipal de Sceaux pour la défense des intérêts de la ville :

.... M. l'Adjoint donne de nouveau lecture de l'arrêté de M. le Préfet de la Seine du 20 janvier dernier, qui appelle les conseils municipaux à délibérer sur la question de savoir s'il y a lieu de changer le chef-lieu de la sous-préfecture et, dans le cas de l'affirmative, d'indiquer la commune où il conviendrait, dans l'intérêt et la convenance de la généralité des communes, de transférer le chef-lieu de la sous-préfecture.

La matière mise en délibération, le Conseil croit devoir faire précéder l'avis qu'on lui demande, des observations suivantes :

L'établissement de la sous-préfecture dans la commune de Sceaux remonte à la loi organique de l'an VIII, époque à laquelle Sceaux, l'un des chefs-lieux de l'administration municipale de canton, devint chef-lieu d'arrondissement. Il a donc dû paraître étrange que ce ne fût qu'après plus de 30 ans qu'on eut reconnu la nécessité de changer cet état de choses, c'est-à-dire au moment même, où, nous le dirons tout à l'heure, l'objection tirée de la distance des lieux avait disparu devant l'amélioration apportée aux routes et aux chemins.

Aussi, ne faut-il pas s'étonner, si, en 1831, sur la demande alors adressée à M. Casimir Périer, relativement au déplacement du chef-lieu, le président du Conseil répondit :

« Quelle est donc cette tendance déplorable à tout déplacer ? La sous-pré-
« fecture est à Sceaux, elle y restera ! »

Lorsque Sceaux fut érigé en chef-lieu de sous-préfecture, il était déjà un point important, et ce ne fut, certes pas, par hasard, que le gouvernement d'alors en fit un des sièges de l'autorité secondaire. Pour des causes dues en grande partie à la résidence de la maison de Penthièvre, et aussi à l'heureuse situation et aux agréments du lieu, Sceaux avait accru sa population et s'était embelli d'un grand nombre de maisons bourgeoises. En un mot, il était déjà le centre d'intérêts nombreux et dignes d'attirer la sollicitude de l'autorité supérieure.

Celle-ci pensa avec raison qu'il convenait d'accorder quelque compensation au dommage que ces intérêts avaient souffert par la perte de la maison de Penthièvre.

L'existence à Sceaux du plus important marché aux bestiaux ne fut pas sans doute étrangère, non plus, à la préférence accordée par le gouvernement à la commune de Sceaux.

En effet, ce marché attire, chaque semaine, tous les bouchers, fermiers, cultivateurs et nourrisseurs de la banlieue ; chacun d'eux, en faisant les affaires de sa profession, trouve sous la main l'administration centrale où il peut réclamer un alignement, un dégrèvement, un visa, une permission quelconque, objets qu'ils obtiennent, soit pour eux, soit pour leurs voisins dont ils se chargent des commissions; et le lundi, jour de marché, il y a toujours affluence dans les bureaux de la sous-préfecture.

Ces considérations furent tellement appréciées, que bientôt, dans le but de rendre plus faciles les relations des administrés, la conservation des hypothèques placée à Choisy-le-Roi, la recette particulière fixée alors à La Rue, et le bureau d'enregistrement existant au Bourg-la-Reine, furent transférés à Sceaux.

Quelques années après, le Conseil général du département de la Seine, sentit la nécessité de faire l'acquisition d'un bâtiment pour en faire l'hôtel de la sous-préfecture, qui, jusqu'alors avait occupé une maison louée et avait changé cinq fois de local, et, comme déjà à cette époque des réclamations commençaient à s'élever contre la situation actuelle du chef-lieu, le Conseil général crut devoir prendre des informations sur la nature et la valeur de ces réclamations, avant de se jeter dans aucune dépense. Il faut supposer que les objections lui parurent bien fondées, car il n'hésita pas à faire l'acquisition de l'hôtel présentement occupé par la sous-préfecture.

Cet hôtel, eu égard aux frais qui ont été faits pour le rendre propre à sa destination, a coûté une somme très considérable au département. Cette dépense se trouverait perdue en grande partie dans le cas où la sous-préfecture serait transportée ailleurs, et il faudrait en faire de nouvelles pour l'installer.

Le reproche principal qui est adressé à l'etat de choses actuel, c'est que Sceaux n'est pas exactement situé au centre de l'arrondissement.

Ce reproche se comprendrait s'il s'agissait d'une localité ou les communications seraient impraticables, ou d'une difficulté réelle ; mais, depuis plusieurs années surtout, les routes départementales et les chemins vicinaux qui traversent l'arrondissement ont reçu de grandes améliorations ; trois ponts établis sur la Seine, à Choisy, Bercy et Ivry, ont réuni les communes que séparait le fleuve ; un autre pont va se construire entre Saint-Maur et Créteil sur la Marne; les boulevards extérieurs, auparavant impraticables aux voitures, ont été pavés, en sorte qu'aujourd'hui de nombreuses voitures parcourent, en tous sens, l'arrondissement et permettent à l'habitant de la commune la plus éloignée de se rendre au chef-lieu dans l'espace de deux heures.

D'ailleurs, les inconvénients que l'on fait remarquer, sous le rapport du déplacement des administrés, ne sont pas aussi grands qu'on pourrait le croire, puisque les deux cantons les plus rapprochés de Sceaux sont précisément les plus populeux.

La poste aux lettres fait maintenant trois distributions par jour, au lieu d'une seule qu'elle faisait autrefois, de telle sorte qu'une lettre partie du point le plus éloigné, à 9 heures du matin, arrive à Sceaux à 2 heures et demie, et que la réponse peut être reçue le lendemain matin.

Avec cette extrême facilité de communication, il importe peu qu'un chef-lieu soit, ou non, placé au centre topographique de son arrondissement. Cette considération est donc tout à faire accessoire; aussi voit-on que, presque jamais, elle n'a été décisive dans le choix des chefs-lieux d'arrondissement ou de département.

Ainsi, par exemple :

La ville de Saint-Denis est-elle au point central de son arrondissement ?

La ville de Corbeil n'est-elle pas à l'extrémité du sien ?

Le département de Seine-et-Oise n'environne-t-il pas de toutes parts le département de la Seine, et les habitants d'un grand nombre de communes ne sont-ils pas obligés de traverser le département de la Seine, et Paris même, pour aller à Versailles, chef-lieu de leur département ?

Enfin, s'il est permis de le dire, la capitale elle-même, ce grand chef-lieu de la France, se trouve-t-elle à égale distance des extrémités du royaume ?

De plus, on peut le dire, il serait difficile de trouver en France un chef-lieu de sous-préfecture situé à une distance plus rapprochée des points extrêmes de sa circonscription.

L'interêt du service n'a donc rien à souffrir d'un éloignement dont on exagère les inconvénients. Il suffirait, pour s'en convaincre de se rappeler, que lors des événements de juin 1832 et avril 1834, les ordres pour faire marcher les gardes de l'arrondissement arrivèrent à Sceaux à onze heures du soir; qu'à une heure du matin, les premiers bataillons étaient aux barrières de Paris et qu'avant quatre heures du matin tous les bataillons des deux légions de l'arrondissement occupaient, dans Paris, les points qui leur avaient été assignés.

Il faut également remarquer que le siège du bureau de la conservation des hypothèques où se traitent de si nombreux et si importants intérêts, avec lequels tous les officiers ministériels de Paris et de la banlieue et les particuliers ont des rapports de tous les moments, n'a jamais donné lieu à aucune plainte, à aucune récrimination et pourtant, un jour, une heure de retard, peuvent entraîner la péremption d'une inscription hypothécaire et la perte d'une créance, et, de plus d'un côté, la correspondance administrative se fait en franchise, tandis que, de l'autre, au contraire, elle est fort onéreuse.

Il faut donc le reconnaître: c'est ailleurs que l'on doit chercher les motifs réels qui ont suscité la question du changement dè chef-lieu. Ils prennent leur origine dans des considérations d'un égoïsme communal qui s'exagère les avantages attachés à la possession de la sous-préfecture, et aussi, il faut bien le dire avec M. Casimir Périer, dans une vague tendance à tout déplacer.

Au surplus, qu'on ne croie pas, par un changement de chef-lieu, mettre fin, tout d'un coup, aux prétentions de toutes les localités. En déplaçant la sous-préfecture de Sceaux, on n'aura déplacé que le point de mire des rivalités communales. Déjà, en effet, et sans attendre d'être officiellement consultées, quelques unes d'entre elles ont clairement manifesté leurs espérances, et l'on peut, sans crainte de se tromper, assurer à l'avance que les délibérations des conseils municipaux des communes de Choisy-le-Roi, Villejuif, Charenton, Montrouge, et autres peut-être, tendront à faire fixer le chef-lieu d'arrondissement dans leur sein.

Mais, à part cet intérêt de localité, que l'on s'explique, mais que l'on ne saurait admettre, quels sont donc les avantages réels qu'il y aurait à transférer la sous-préfecture dans l'une ou l'autre des communes que nous venons de nommer ?

Choisy-le-Roi est, comme Sceaux, à deux lieues de Paris, et, pas plus que Sceaux, il n'est un point exactement central. D'ailleurs, en y transférant le chef-lieu d'arrondissement, nécessité serait d'y transférer également le chef-lieu de canton, actuellement à Villejuif, et dès lors, des plaintes fondées ne manqueraient pas de s'elever de cette dernière commune, dont les droits sont acquis, et des communes de Gentilly, Ivry, L'Haÿ et Arcueil qui auraient une trop grande distance à parcourir pour aller au chef-lieu de canton où les appellent de bien plus fréquents intérêts. Les communes de Clamart, Vanves, Issy, Vaugirard, Châtillon, Bagneux, Fontenay-aux-Roses, Châtenay, Antony, Bourg-la-Reine et le Plessis-Piquet se trouveraient à leur tour trop éloignées du chef-lieu d'arrondissement.

Au surplus, Choisy est avantageusement situé sur la Seine; son état est prospère, et cette commune serait bien ambitieuse si elle n'était pas satisfaite des avantages qu'elle retire de son port, de sa navigation, de son commerce de vins, de charbon et de bois, de ses manufactures de faïence fine, verreries et cristaux et des diverses autres usines que sa situation près de la rivière a fait créer dans son sein.

Villejuif n'est, à vrai dire, qu'une route ou plutôt qu'une rue sale et étroite, où deux voitures peuvent à peine passer. Cette commune n'a, d'ailleurs, aucune communication directe avec Montrouge, Vaugirard et les autres communes de ce côté de l'arrondissement.

Charenton est d'un accès très difficile, soit qu'on place le chef-lieu sur la route, soit qu'on le place aux Carrières, dont la rue est, comme celle de Villejuif, extrêmement étroite. Cette commune ne peut d'ailleurs raisonnablement ambitionner d'autres avantages que ceux qu'elle possède aujourd'hui; n'a-t-elle pas, comme celle de Bercy, sa navigation, sa gare, son commerce considérable de vins, et de plus, une manufacture de porcelaine?

Montrouge est la commune qui paraîtrait devoir réunir les suffrages d'un nombre de conseils municipaux plus considérables que celles que nous venons de citer.

Cette commune est divisée en quatre parties : le Petit-Montrouge,' la Chaussée du Maine, Montsouris et le Grand-Montrouge.

Dans laquelle de ces quatre parties placerait-on la sous-préfecture ?

Serait-ce au Petit-Montrouge ? Est-ce au milieu des guinguettes de la Chaussée du Maine, du Montparnasse, de la Barrière d'Enfer ou de Montsouris ? Il faut le dire : il y aurait, dans le choix d'une telle résidence, une haute inconvenance, car tout le monde sait que ces diverses parties de la commune de Montrouge se composent d'établissements habituellement fréquentés par une affluence dont les plaisirs bruyants ne se renferment pas toujours dans les bornes de la sobriété et de la décence.

On est, en outre, frappé d'une réflexion particulière : lorsqu'il est généralement reconnu que l'intérêt de la banlieue exige la présence d'une administration spéciale dont l'action, quoique dépendante de Paris, s'exerce cependant dans un cercle à part et dans des attributions naturellement distinctes de celles que nécessite l'administration d'une grande ville, n'y aurait-il pas quelque chose d'étrange à placer aux portes, et pour ainsi dire dans un des faubourgs de Paris, une sous-préfecture qui ne semblerait plus alors qu'une inutile superfétation ?

Il y aurait, dans une position semblable, quelque chose qui choquerait d'autant plus que l'utilité de maintenir une sous-préfecture, spécialement consacrée aux intérêts ruraux, ne peut être raisonnablement contestée. De plus, il faut le dire, ces intérêts, qui méritent bien d'absorber le zèle tout entier d'un fonctionnaire, n'auraient-ils pas quelquefois à souffrir de la facilité des relations que celui-ci aurait avec la capitale ?

Enfin, il est permis d'ajouter qu'il y aurait un inconvénient réel à enlever une sous-préfecture d'un lieu dont le nom n'est pas sans rappeler des souvenirs qui, joints à ses agréments naturels, rendent, en quelque sorte, à l'autorité, une partie du relief que celle-ci donne toujours à la localité où elle réside, pour la transférer au bord d'une grande route continuellement encombrée de charrettes, et dont la poussière ou la boue rendent le séjour presque intolérable.

Quant au Grand-Montrouge, il est si peu éloigné de Sceaux que l'avantage insignifiant qui pourrait résulter pour l'arrondissement, sous le rapport des distances, du transfert du chef-lieu dans cette localité, serait acheté beaucoup trop cher, aux prix des sacrifices pécuniaires et des inconvénients de toute espèce qu'entraînerait infailliblement ce déplacement.

Les diverses considérations que le Conseil municipal de Sceaux vient de présenter ne peuvent manquer d'être appréciées par le Conseil d'arrondissement, par le Conseil général et par l'Administration supérieure. On peut donc espérer qu'après un examen attentif des faits qui se rattachent à la question, ils reconnaîtront que les plaintes et les réclamations qui s'élèvent contre la résidence actuelle du chef-lieu ne sont pas fondées, et qu'ici, comme dans beaucoup de choses, il y aurait plus de dangers dans l'innovation que d'inconvénients dans le maintien de ce qui existe.

Le Conseil municipal de Sceaux vote à l'unanimité le maintien dans cette commune du chef-lieu de la sous-préfecture.

Satisfaction lui fut donnée, et les nouvelles tentatives n'eurent plus de crédit auprès de l'Administration. Si nous avons insisté sur celle-là, c'est en raison de l'intérêt des documents que l'on vient de lire, et parce que M. Advielle n'a consacré que quelques lignes à la question.

Le cimetière communal avait été transféré, en 1814, de la rue du Petit-Chemin (rue des Écoles) à son emplacement actuel, mais, par un louable sentiment, les restes de Florian n'avaient pas été exhumés ; ils occupèrent un petit enclos dans le jardin du notaire, M. Maufra, puis de son successeur, M. Thore, jusqu'en 1839.

Le 5 mai 1836, la question de leur translation avait été posée devant le Conseil municipal dans les termes suivants :

M. le Maire rappelle au Conseil que les restes de Florian, décédé en cette commune, ont été conservés avec soin, tant par M. Maufra, ancien propriétaire du terrain qui servait de cimetière dans la rue du Petit-Chemin, que par M. Thore, propriétaire actuel. Il fait observer que si, d'un côté, la dépouille peut être considérée comme propriété communale, il est juste aussi de rendre au propriétaire de l'ancien cimetière la libre jouissance du terrain dans lequel il a si pieusement conservé cette dépouille ;

Qu'il existe sur le côté extérieur gauche de l'église un terrain vague, clos d'une grille en bois, dans lequel les restes de M. Florian pourraient être déposés ;

Le Maire propose en conséquence de suivre ces dispositions et de pourvoir au payement de la dépense de translation et d'érection d'un simple monument funéraire au moyen de souscriptions volontaires.

La matière mise en délibération, le Conseil, considérant que M. Florian a longtemps habité la commune de Sceaux, qu'il y a laissé les souvenirs les plus honorables, voulant, autant qu'il est en lui, rendre hommage à la mémoire d'un homme aussi distingué par ses vertus que par ses œuvres littéraires, est unanimement d'avis que ses restes soient transportés dans le terrain désigné ci-dessus, dont la commune fait, à cet effet, concession perpétuelle, et que la dépense de translation de sépulture et d'établissement d'un mausolée soit couverte au moyen de souscriptions volontaires.

Ce n'est cependant que le 13 septembre 1839[1] que le transfert eut lieu, avec solennité, dans le jardin de l'église. « C'est avant-hier, dit le *Moniteur* du 16 septembre, que les restes de Florian ont été placés sous un monument érigé à sa mémoire, aux frais du Roi, de la commune de Sceaux et de quelques pieux souscripteurs. » L'Académie française, ajoute le journal, se fit représenter à cette cérémonie par MM. Népomucène Lemercier et Dupaty.

En 1846, fut inaugurée la ligne du chemin de fer de Paris à Sceaux, qui devait faire en grande partie la fortune de toute la région.

Un autre événement important fut la reconstruction du château, commencée en 1856 par le duc de Trévise, fils du maréchal Mortier.

La guerre de 1870 fut néfaste pour la ville. Tous ses habitants durent s'enfuir à l'approche de l'armée ennemie et se réfugier à Paris. La municipalité y transporta son siège, rue de Harlay, 20, près de la place Dauphine. Elle ne se réunit pas à la mairie de Sceaux avant le 26 mars 1871 ; les Prussiens en étaient partis, le 5.

Dès lors les annales de Sceaux n'offrent plus que des événements heureux, ou tout au moins pacifiques.

Depuis de longues années déjà, les félibres de Paris s'y

1. C'est par erreur que (p. 400) M. Advielle donne la date du 13 décembre.

réunissent, chaque été, en l'honneur de Florian, et aussi à cause du charme dont la nature pare ce joli coin de terre ; ce jour-là est véritablement un jour de fête pour le pays. Le 21 mai 1882, ils inaugurèrent sur la façade de la maison mortuaire de Florian, 19, rue des Écoles, donnant sur la rue de la Petite-Croix, une plaque de marbre portant l'inscription suivante :

FLORIAN
NÉ AU CHATEAU DE FLORIAN, SUR LES BORDS DU GARDON
LE 6 MARS 1755,
EST MORT DANS CETTE MAISON,
LE 29 FRUCTIDOR AN II DE LA RÉPUBLIQUE.
LA VILLE DE SCEAUX. — LES FÉLIBRES DE PARIS
1882.

Rappelons enfin, après M. Advielle, que Sceaux a compté parmi ceux de ses habitants dont elle peut être fière : Mlle Mars, Cailhava, les familles Poussielgue, Tenant de la Tour, de Montgolfier, Say.

II. — MODIFICATIONS TERRITORIALES ET ADMINISTRATIVES

Le 20 février 1791, le Conseil général de la commune (c'est ainsi que l'on nomma pendant la Révolution les conseils municipaux) dressa la division suivante du territoire de Sceaux :

..... D'après la connoissance que nous avons de la consistance du territoire de notre communauté, avons divisé ce territoire, qui auparavant n'étoit divisé par aucune section, en cinq sections.

La première que nous nommerons A est composée des maisons et jardins du bourg.

La deuxième, que nous nommerons B, comprend depuis le ruisseau d'Aulnay du côté du midy; bornée au nord par le chemin du Plessis à Sceaux ; au levant par les murs de Madame Trudon et de M. Mairet; au couchant par la seigneurie d'Aulnay, déterminée par trois bornes.....

..... Ladite section B comprend dans son enceinte les cantons connus vulgairement sous le nom de l'Aulneau, la Matrelle, les Quatre Voyes, Derrière la Tour, le Chénot, les Grands Noyers, la Rochelle, le Milan, le Ratoir, le Torquet, les Haut et Bas Sablons, et les Heulins.

La 3e section, que nous nommerons C, comprend depuis le chemin du Plessis à Sceaux et termine au nord la section cy dessus qui sera le midy de la présente, laquelle se terminera au nord par le ruisseau de la fontaine du Moulin;

au levant par le chemin de Fontenay-aux-Roses, en suivant les murs du jardin de M. Miron et venant aboutir à l'encoignure de [la] 2e section ; au couchant, par la voye dite Mouille-Bœufs. Dans ladite section est également comprise la partie dite des Glaizes, bordée au nord par les jardins des maisons du bourg ; au midy par les murs du parc, au levant par le bourg, et au couchant par la voye de Châtenay. La section C comprend dans son enceinte les cantons connus sous les noms de la Grande Voye, le Clos Saint Marcel, les Mouille-Bœufs, les Champs Girard, les Ruelles, les Imbergères, les Glaises ou Gravier, et la Chrétienneté.

La quatrième section, que nous nommerons D, comprend depuis le chemin de Fontenay-aux-Roses, au couchant en continuant le long des murs de M. de Foissy, de la Ménagerie, le pavé de Paris à Sceaux au midy, jusques à la voye de Bagneux, au levant, et enfin jusqu'au ruisseau de la fontaine du Moulin, qui la borde au nord. La section D comprend les cantons connus sous le nom : Derrière la Ménagerie, le Trou Camus, les Haut et Bas Coudrés, et le Muset.

La 5e section, que nous appellerons E, comprend au midy, depuis la voye de Bagneux en suivant le long des murs du potager et pavé de Sceaux au Bourg-la-Reine, jusques à la pièce numérotée au plan 2129, bornée à l'angle de ladite pièce d'une borne de limite, de laquelle, en retour au levant, elle continue jusques à la pièce du Chapitre Notre Dame de Paris, numérotée au plan 2048, bornée en retour au nord par le ruisseau de la Fontaine du Moulin ; au couchant par ladite voye de Bagneux. Comprend également ladite section les pièées de terre en partant du Bourg-la-Reine bordées au midy par l'avenue du château, au nord par le pavé de Sceaux à Paris, au levant par le Bourg-la-Reine et au couchant par les murs du potager.

La section E, cinquième et dernière, comprend les cantons connus sous le nom de le Haut et Bas Blagies, les Filmains, les Deux Ormes et la Plante Paulmier..... [1]

Dans sa séance du 7 mars suivant, le Conseil de la commune donne les noms suivants à ces cinq sections : A : du Bourg ; B : des Haut et Bas Sablons ; C : des Clos Saint-Marcel ; D : des Haut et Bas Coudrés ; E : des Haut et Bas Blagies [2].

Bien que ce territoire ne fût pas des plus étendus, il subit une diminution notable en 1806. Diminution assez étrange aussi, puisqu'elle a eu pour effet de faire passer la limite des communes de Châtenay, Antony et Sceaux, suivant une ligne idéale, à travers le parc du château. On imagine difficilement que les dépendances d'un domaine semblable n'aient pas continué à faire partie de la même municipalité. Voici, cependant, les textes qui ordonnèrent ce morcellement :

1. Archives de la mairie de Sceaux. — 3e reg. de délibérations et enregistrement, pp. 120-122 (*sic* pour 200-201).

2. *Ibid.*, p. 231.

Conseil d'État. — *Extrait du registre des délibérations.* — *Séance du 22 novembre 1806.*

AVIS

Le Conseil d'État qui, d'après le renvoi ordonné par Sa Majesté, a entendu le rapport de la section de l'Intérieur sur celui du Ministre de ce département, dont l'objet est de décider que les portions du parc de Sceaux actuellement possédées par les communes d'Antony et de Châtenay seront réunies au territoire de la commune de Sceaux;

Vu les mémoires et avis des conseils municipaux des trois communes, leur convention du 17 janvier 1790 et l'avis du Préfet de la Seine; considérant que la réclamation de la commune de Sceaux est plus fondée sur des motifs de convenance, personnels à cette commune, que sur des titres réels, et que la perte des terrains qu'elle réclame diminuerait pour les communes d'Antony et de Châtenay les moyens de faire face à leurs dépenses administratives,

Est d'avis:

Que les limites entre les communes de Sceaux, Antony et Châtenay doivent demeurer définitivement fixées telles qu'elles l'ont été par la convention faite entre elles, le 17 janvier 1790.

Pour extrait conforme :
Le Secrétaire général du Conseil d'État,
Signé : J.-G. Locré.

Approuvé : au quartier impérial de Posen, le 12 décembre 1806.
Signé : Napoléon.

Par l'Empereur, le Secrétaire d'État,
Signé : Hugues-B. Maret.

Pour ampliation, le Ministre de l'Intérieur,
Signé : Champagny.

Pour copie conforme :
Le Secrétaire général du Ministère,
De Gerando. 1

La contestation portait, on le voit, sur la possession du parc de Sceaux, revendiqué en entier par la commune de Sceaux, alors que les communes d'Antony et de Châtenay demandaient simplement à être maintenues dans la part de possession de ce territoire qui leur avait été accordée lors de la délimitation des communes, le 17 janvier 1790. Le procès-verbal de cette répartition, qu'il nous serait si précieux de posséder, dans ce cas comme dans tous les autres, n'existe plus malheureusement; consigné dans les registres du Directoire du département, il a péri avec cette collection dans l'incendie de 1871; ce qui est plus surprenant, c'est que la copie qui en fut faite pour le présent litige et que le Conseil

1. *Archives nationales,* F2 II, Seine, I, copie.

d'État déclare avoir vue, n'existe plus aujourd'hui au dossier, pourtant volumineux, de l'affaire.

A son défaut, nous signalerons dans le même dossier un plan manuscrit et quelques pièces intéressantes. Le plan du parc de Sceaux a été « levé par ordre du citoyen J.-F.-H. Lecomte, par L.-N. Troufillot en l'an XI »; il indique par trois limites différentes les parties possédées par les trois communes :

Antony :	59 hectares	10 ares	85	centiares.
Châtenay :	51 —	24 —	93	—
Sceaux :	119 —	70 —	52	—

Pour légitimer ses prétentions, la commune de Sceaux avait fourni des extraits d'actes de l'ancien bailliage, ou de l'état civil paroissial, établissant que les habitants de maisons sises dans le parc, « à la grille d'Antony » ou « à la grille de Châtenay », reconnaissaient, avant la Révolution, le bailli et le curé de Sceaux pour leurs juge et pasteur spirituel ; elle avait fait remarquer que « le parc de Sceaux, séparé du territoire des communes d'Antony et de Châtenay par des murs de clôture, de larges fossés à l'extérieur et des chemins, enfin délimité de toutes parts, tenant à la commune de Sceaux, l'église et le marché y étant même enclavés », paraissait devoir en bonne justice lui appartenir, et que la convention de 1790 était un acte hâtif destiné à assurer sans retard l'assiette de l'impôt, mais nullement définitif en ce qui concernait les limites des communes. Elle avait enfin fait valoir que comme « chef-lieu du deuxième arrondissement [communal], et assujettie à des dépenses locales dont les autres ne sont pas tenues, elle ne peut faire face à ces dépenses qu'avec les centimes additionnels ».

En dépit de ces arguments, dont plusieurs ont, en effet, une réelle force, et malgré l'avis favorable émis par le Préfet de la Seine, les raisons pratiques prévalurent dans l'esprit du Conseil d'État ; les communes d'Antony et de Châtenay produisirent des actes terriers de 1675, établissant le bien fondé de leur possession, se réclamèrent de la convention de 1790 et firent enfin valoir l'état de leurs propres ressources et leurs besoins financiers. De là résulta la décision approuvée par Napoléon Ier le 12 décembre 1806.

Il ne paraît pas que, depuis, le territoire de Sceaux ait été modifié. Sa limite avec Bourg-la-Reine est formée en partie d'une ligne idéale qui aboutit sur la rue Houdan, au milieu de la propriété portant le n° 2. Dans sa séance du 14 février 1868, le Conseil municipal accepta le don d'une plaque posée par le possesseur de cette maison, M. Alphonse Jumel, agent de change, et « indiquant la délimitation exacte des communes de Sceaux et de Bourg-la-Reine, et la naissance de la rue Houdan ». Cette plaque, qui se distingue, par son aspect et les termes de l'inscription qu'elle porte, de celles de l'administration, existe toujours. Voici ce qu'on y lit :

<table>
<tr><td colspan="2">DÉP^t DE LA SEINE
ROUTE DÉP^le N° 67</td></tr>
<tr><td>COMMUNE DE
SCEAUX</td><td>COMMUNE DE
BOURG-LA-REINE</td></tr>
<tr><td colspan="2">9 K. 918 M. DE NOTRE-DAME.
RUE HOUDAN.</td></tr>
</table>

On sait que, maintenant, la route départementale 67 est devenue le chemin de grande communication n° 60.

Il n'est pas, dans le département, de commune dont le grade administratif, — si l'on peut ainsi parler, — ait autant varié. On ne saurait être surpris du mécontentement qu'éprouva sa municipalité de 1790 lorsqu'elle apprit que le chef-lieu de district était fixé à Bourg-la-Reine, en raison des facilités d'accès. Avec une ignorance assez grande de la voie hiérarchique, elle adressa, le 3 mars 1790, un mémoire de protestation à Bailly, maire de Paris, comme si la commune de Paris eût été qualifiée pour trancher la question :

A Monsieur Bailly, maire de la ville de Paris.

Monsieur,

La commune du bourg de Sceaux, au nom de toutes les paroisses qui l'avoisinent, prend la liberté de vous représenter que sa surprise a été extrême lorsqu'elle a sçu que le Bourg-la-Reine, à son exclusion, avoit obtenu la faveur du district de la banlieue du midy de Paris.

Si les députés *extra muros* de Paris avoient été appellés et entendus lors de l'établissement de ce district, leur justice et la connoissance qu'ils ont des localités les auroient empêché[s] d'asseoir ce district dans un hameau qui compte à peine quatre cents âmes.

La commune du bourg de Sceaux étoit dans l'intime persuasion qu'on ne pouvait lui refuser cet établissement : par sa position particulière, puisqu'elle est au centre des paroisses qui doivent dépendre de ce district, qu'elle a une population qui s'élève à plus de trois mille âmes, qu'elle renferme dans son sein un local commode et propre à recevoir les assemblées; qu'enfin, elle avoit un bailliage étendu, d'où relève même le hameau du Bourg-la-Reine, qu'elle va sûrement perdre par le nouvel état de choses qui va s'établir.

Si les motifs qui militent en faveur du bourg de Sceaux eussent été entendus lors de la formation des districts, est-il à douter que le Bourg-la-Reine, qui ne peut entrer en concurrence d'aucune manière avec luy, n'eût été évincé de sa prétention? Mais, comme on a eu l'honneur de vous le dire, les députés extra muros n'ont eu aucune part à ces opérations, puisqu'ils ne les ont pas signées.

Dans ces circonstances, la commune de Sceaux vous supplie, Monsieur, de vouloir bien faire remettre son mémoire sous les yeux de Messieurs de la Commune de la ville de Paris, qui sentiront qu'il est impossible, par toutes les raisons qu'on vient d'alléguer, de ne pas retirer le district du Bourg-la-Reine pour le placer dans celui de Sceaux qui renferme tous les caractères, convenances et localités commandées par l'Assemblée nationale pour de pareils établissements.

Sceaux, le 3 mars 1790 [1].

Bailly se borna à transmettre à Target, député et membre du Comité de constitution, le mémoire auquel, du reste, satisfaction ne fut pas donnée.

Le 23 mars suivant, les officiers municipaux, battus de ce côté insistèrent, cette fois directement, auprès de l'Assemblée nationale, pour obtenir un « tribunal de justice » :

...L'Assemblée nationale ayant déjà fixé les lieux des districts en raison de la population et des convenances, le bourg de Sceaux, qui réunit toutes les conditions du décret et se voit privé du district, méritera sans doutte plus qu'aucun autre le tribunal qu'il demande. Ce bourg a fait une perte considérable lorsque la route de Versailles à Fontainebleau a été établie par la poste

1. Archives nationales D. IV b 13, liasse 252.

de Berny, sa juridiction sous le nom de baronnie comprenant beaucoup de paroisses voisines et l'exercice de cette justice exigeant la résidence d'un nombre d'officiers employés en même tems dans plusieurs autres juridictions, donnoit par leur correspondance avec les justiciables un avantage au bourg de Sceaux qu'il perdroit encore si le nouvel ordre judiciaire le privoit de l'établissement du tribunal.

La manufacture de fayance et de porcelaine, qui le fertilisoit depuis quarante ans ne lui est plus que d'une faible ressource par les suites du traité de commerce avec l'Angleterre, qui a nécessité la suppression de la majeure partie des ouvriers. A tant de pertes, les habitans du bourg de Sceaux joignent encore avec douleur la privation du district, que l'Assemblée nationale lui eût, à tous égards, accordé de préférence au Bourg-la-Reine si les représentants de la nation eussent été mieux informés des localités. En effet, le Bourg-la-Reine n'offre qu'une population de quatre cents âmes, et celui de Sceaux renferme plus de trois mille âmes dans son sein.

Le Bourg-la-Reine présente un don patriotique montant à peine à la somme [de] trois cent livres, et celui de Sceaux contribüe aux besoins de l'État par une somme de neuf mille deux cent livres et plus, effort d'un patriotisme d'autant plus méritant qu'il consiste en déclarations presque toutes volontaires et libres..... [1]

Le 22 juillet suivant, le Comité de constitution reçut une nouvelle requête, conçue en termes presque identiques, et signée du maire de Sceaux, au nom des « habitants de Sceaux, du Plessis-Piquet, Arcueil, Laÿ, Chevilly, Aulnay, Châtenay, Fresnes et autres paroisses du canton ». Ces deux pétitions eurent le même insuccès. Aujourd'hui encore les deux chefs-lieux d'arrondissement de la Seine offrent cette anomalie de n'avoir pas de tribunal de première instance.

L'ère des compensations ne devait commencer que cinq ans et demi plus tard, au détriment de Bourg-la-Reine. Le 19 frimaire an IV (10 décembre 1795), un arrêté du Directoire du département transportait à Sceaux le siège de l'administration cantonale créée par la Constitution de l'an III. Le registre de délibérations de Sceaux mentionne ainsi le fait, à la date du 28 frimaire (19 décembre 1795) :

L'an quatrième de la République française, une et indivisible, le vingt huit frimaire, heure de midi, le corps municipal s'est réuni au lieu de ses séances pour procéder à l'installation de l'administration municipale qui doit lui succéder, et dont le siège se trouve fixé en cette commune par l'arrêté du département, du 19 de ce mois ;

La séance ayant été ouverte par le citoyen maire, et les membres de l'admi-

1. Archives nationales D IV b 29, liasse 414.

nistration municipale actuellement nommés s'étant rendus à ladite séance, ce requérant le procureur de la commune, il a été fait lecture : 1° de l'arrêté du département du dix neuf de ce mois, portant que sans rien changer à la circonscription du canton de Bourg-l'Égalité, le chef-lieu en sera transporté dans la commune de Sceaux, et que l'administration municipale s'y installera dans le local de la ci-devant maison commune ; ledit arrêté signé en fin : Dupin, secrétaire ; 2° de la lettre des administrateurs du département de l'administration municipale, en date du vingt et un de ce mois, contenant entre autres choses l'envoi dudit arrêté.....

Le Consulat allait faire davantage encore pour la ville de Sceaux, en la désignant comme chef-lieu d'arrondissement et siège d'un sous-préfet, aux termes de la Constitution de l'an VIII. Nous avons dit plus haut (pages 22 et suiv.) combien elle eut à lutter, dans la première moitié du siècle, pour n'en pas être dépossédée. Cette humiliation lui a été épargnée, et, en supprimant définitivement les deux sous-préfectures de Sceaux et de Saint-Denis, la loi du 2 avril 1880 a, du même coup, retiré toute espérance aux villes rivales de l'arrondissement.

Sceaux en est resté le chef-lieu nominal. La loi du 12 avril 1893 avait constitué le canton par les communes d'Antony, Bagneux, Bourg-la-Reine, Châtenay, Clamart, Fontenay-aux-Roses, Montrouge et Le Plessis-Piquet. Une loi du 20 février 1897 en a distrait la commune de Clamart, pour la rattacher au Canton de Vanves. C'est en vain que, le 29 février 1896, le conseil municipal de Sceaux avait réclamé contre cette mesure, « qui amoindrirait le canton sans compensation possible ».

III. — ANNALES ADMINISTRATIVES. — LISTE DES MAIRES

Assistance publique.— Un arrêté de l'administration du département décida, le 8 vendémaire an VII (29 septembre 1798), que le bureau de bienfaisance de Sceaux serait réintégré en la jouissance et possession de la maison connue sous le nom d'Infirmerie, occupée ci-devant par les sœurs de charité qu'y avait installées dame Marie Charron, veuve de Colbert, par son testament en date du 5 avril 1687, en leur léguant 6.000 livres, — et par un autre acte du 12 janvier 1689, ayant pour objet de faire exécuter la donation par ses héritiers d'une maison de la ville à ces religieuses pour y recueillir les malades et soigner les pauvres.

Le 4 avril 1895, a été posée la première pierre de l'hôpital-hospice placé sous l'invocation de Sainte-Marguerite et fondé par M. Hugues-Auguste Renaudin, notaire à Sceaux, pour perpétuer la mémoire de sa femme, Mme Marguerite Renaudin, née Piatier, morte à l'âge de trente-quatre ans. Cet établissement charitable a été inauguré le dimanche 8 décembre 1895.

Culte. — Lorsqu'il s'est agi de construire à Bourg-la-Reine un temple protestant, le Conseil municipal de Sceaux consulté délibéra, le 2 août 1859, qu'il n'y avait pas intérêt pour la commune à cette création parce que Sceaux ne comptait que onze protestants résidents, vingt-deux pendant la belle saison, et un seul d'entre eux propriétaire. La création n'en a pas moins été faite.

Noms des rues. — En cent ans, presque tous les noms des rues de la ville ont changé plusieurs fois. Le plus stable peut-être a été celui de rue Houdan, qui est la voie principale, et il n'est pas aisé de l'expliquer : l'hypothèse la plus vraisemblable est que c'était à l'origine la rue de Houdan, du nom d'une ville de l'arrondissement de Mantes qui approvisionnait de bestiaux le marché de Sceaux. Sur le plan de la ville et du château dressé par Cicille en 1782, on lit déjà : rue Houdan.

Le 21 novembre 1793, le Conseil général de la commune prit les décisions suivantes :

Après avoir entendu la lecture des nouveaux noms à donner aux places et rues de cette commune adoptés par la Société républicaine, le Conseil général les a également et unanimement adoptés. En conséquence, il a arrêté que :

Le chemin du Bourg-de-l'Égalité s'appellera route de la Montagne;

Le pavé au long du potager allant à l'avenue s'appellera rue des Picques;

Le pavé, depuis le potager jusqu'à la place d'Armes, s'appellera rue des Hommes libres;

La Dianne s'appellera place de la Montagne;

La voye de Bagneux s'appellera chemin de Vendémiaire;

La place d'Armes s'appellera place de la Liberté;

La rue Saint-Jean s'appellera rue Pelletier;

La porte du Petit-Château s'appellera place de la Raison;

Le chemin de Châtenay s'appellera rue des Droits de l'Homme;

La rue Houdan, depuis la place d'Armes jusqu'à la rue du Puits, s'appellera rue de l'Unité ;

La rue du Coudray s'appellera rue Jean-Jacques Rousseau ;

La rue de Fontenay s'appellera rue Floréal ;

Le surplus de la rue Houdan allant au Plessis, depuis ladite rue du Puits, s'appellera rue de la Force-Armée ;

La demi-lune devant la maison du citoyen Muiron s'appellera place de la Fraternité ;

La rue du Four s'appellera rue Chaslier.

Après le 9 thermidor, plusieurs de ces dénominations devenaient subversives. Dans sa séance du 4 ventôse an III (22 février 1795), la municipalité décida de les changer :

Le Conseil général arrête : que la route de la Montagne s'appellera la route de Paris, que la place de la Montagne qui est ensuite, et se joignant à la rue des Hommes libres, portera le même nom que cette rue en attendant que la place soit absolument libre, mais qu'il n'y sera point mis d'inscription jusqu'à ce moment, et celle de la Montagne sera absolument effacée ;

Que la rue des Sans-Culottes, cy devant de la Procession, portera le nom de rue de la Lune ;

Que la rue de Marat, cy devant des Imbergères, portera son ancien nom ;

Que la rue Lepelletier portera le nom de rue du Marché ;

Que la rue Chaslier, cy devant rue du Four, portera son ancien nom ;

Que la place Jacobite portera le nom de place Vendémiaire ;

Que la rue de Lakousky, cy devant rue de la Fontaine, portera son ancien nom ;

Que la rue du Bonnet-Rouge portera le nom de Descartes comme le porte celle qui fait suite et qui n'avoient précédemment toutes deux que le même nom rue de la Croix ;

Et qu'au surplus les autres rues et places continueront de porter les noms qui leur ont été attribués, comme n'étant point contraires aux principes.

La dernière modification importante qui ait été apportée à la nomenclature générale des rues de la ville a été réglée par délibération du 23 décembre 1896 :

1° La rue latérale au Marché prendra la dénomination d'impasse du Marché ;

2° La rue Picpus prendra la dénomination de rue Marguerite-Renaudin ;

3° Le sentier des Hauts Coudrais prendra la dénomination de rue Achille-Garnon ;

4° Le sentier des Bas Coudrais prendra la dénomination de rue Jean-Louis-Sinet ;

5° Le chemin des Bas Coudrais prendra la dénomination de rue des Coudrais ;

6° La voie des Aulnes prendra la dénomination d'impasse des Aulnes;

7° Le sentier des Glaises prendra la dénomination de sentier Palloy;

8° Le sentier des Hauts Sablons prendra la dénomination de rue Pasteur;

9° Le sentier des Bas Sablons prendra la dénomination de rue du Docteur-Thore;

10° La voie des Heulins prendra la dénomination de rue des Heulins;

11° Ouverture de rue en prolongement du sentier des Chêneaux à la rue Houdan prendra la dénomination de rue Eugène-Maison;

12° Le sentier des Chêneaux prendra la dénomination de rue Quesney;

13° Le sentier du Regard prendra la dénomination de rue Champin;

14° Le sentier Fortin prendra la dénomination de boulevard Desgranges;

15° Le sentier de Paris prendra la dénomination d'avenue de Paris;

16° L'ancien sentier de Paris prendra la dénomination d'avenue Carnot;

17° La voie des Blagis prendra la dénomination de chemin d'Arcueil;

18° Le chemin latéral au chemin de fer prendra la dénomination de rue de Bourg-la-Reine;

19° Le sentier latéral à gauche du chemin de fer prendra la dénomination de sentier des Filmins;

20° L'ouverture de rue entre le clos Saint-Marcel et le sentier Fortin prendra la dénomination de rue Mademoiselle-Mars;

21° Le chemin vicinal de Bagneux, partie, prendra la dénomination de rue Lakanal;

22° Le chemin vicinal de Bagneux, partie, prendra la dénomination de rue de Bagneux;

23° Le sentier de Paris, de la rue du Lycée au passage à niveau chemin de Bagneux, prendra la dénomination de rue Lakanal.

Celles de ces dénominations qui ont le caractère d'hommage public ont été approuvées par décret du 26 mars 1897. Nous croyons devoir les expliquer dans un bref commentaire:

Rue *Marguerite-Renaudin*. En souvenir de la fondation de l'hospice Sainte-Marguerite (voir plus haut, p. 39 et plus bas, p. 86).

Rue *Achille-Garnon*. Maire de Sceaux à deux reprises.

Rue *Jean-Louis-Sinet*. Auteur d'une histoire de Sceaux.

Sentier *Palloy*. Entrepreneur de la démolition de la Bastille. Habitant de Sceaux où il mourut (voir plus haut, page 16).

Rues *Pasteur*, *Carnot*, *Lakanal*. En commémoration d'hommes illustres, universellement connus.

Rue du *Docteur-Thore*. Médecin distingué, né à Sceaux, mort au Havre en 1858. Inhumé à Sceaux.

Boulevard *Desgranges*. L'un des premiers maires de Sceaux.

Rue *Mademoiselle-Mars*. La célèbre tragédienne habita Sceaux de 1820 à 1826.

Rues *Eugène-Maison*, *Quesney*. Bienfaiteurs de la commune.
Rue *Champin*. Syndic de la ville en 1789.

Moyens de transport. — Avant la création du chemin de fer, les relations entre Paris et Sceaux étaient assurées par des voitures, particulières et publiques. En 1837, d'après M. A. Martin, dans son excellente *Étude historique et statistique sur les moyens de transport*, il y avait deux services concurrents de voitures publiques desservant Sceaux : l'un, impasse Conti, derrière la Monnaie, l'autre à la place Saint-Michel ; chacun d'eux fournissait, au prix de 75 centimes et 1 franc, environ neuf départs par jour, espacés d'une heure et demie.

Le Conseil municipal eut à s'occuper pour la première fois, le 6 mai 1838, d'un projet de chemin de fer : il s'agissait d'une ligne de Paris à Bordeaux et qui aurait eu une station non loin, vraisemblablement, de l'emplacement actuel de celle de Bourg-la-Reine. Voici, d'ailleurs, les passages importants de la délibération :

M. le Maire met sous les yeux des membres du Conseil municipal le tracé de la ligne que parcourrait le chemin de fer conçu par M. Corréard, ingénieur, lequel chemin allant de Paris à Bordeaux passant par Chartres et Tours, traverserait le territoire de la commune de Sceaux, et invite le Conseil à donner officieusement son avis sur ce projet.

Le Conseil, considérant que si, d'une part, quelques habitants éprouvaient du dérangement dans leurs propriétés par la transition de ce chemin projeté, dérangement dont, au surplus, ils seraient préalablement indemnisés aux termes de la loi sur l'expropriation pour cause d'utilité publique, il est vrai de dire, d'autre part, que ce chemin traversant la commune de Sceaux donnerait au pays un aspect nouveau qui le vivifierait d'autant, en abrégeant le temps du transport, en diminuant de beaucoup les frais de voyage, en facilitant et multipliant les communications avec la capitale, en procurant aux habitants de Paris l'avantage peu dispendieux d'une promenade dans une commune des environs qui, par son site varié, son parc de célèbre mémoire, offre tous les agréments désirables ;

Estime qu'il verrait avec le plus vif intérêt se réaliser le projet de M. Corréard, et fait des vœux pour que ce chemin soit exécuté le plus tôt possible, avec l'embarcadère stationnant à Sceaux, tel qu'il est figuré au plan.

Ce projet n'aboutit pas. Celui qui l'a emporté, par l'influence du banquier Laffitte, fut accepté par le Conseil dans sa séance du 19 août 1839. Il consistait à « établir un embranchement du Bourg-la-Reine à Sceaux avec un embarcadère au lieu dit la

Diane, près des murs du jardin de la Ménagerie ». C'est par l'embranchement que l'on commença, car la ligne de Paris à Sceaux fut ouverte à l'exploitation le 7 juin 1846, tandis que celle d'Orsay ne date que de 1854.

Le tracé primitif de cette ligne, on se le rappelle encore. De Bourg-la-Reine à Sceaux, il desservait d'abord Fontenay-aux-Roses et atteignait la gare de Sceaux, sise devant l'église, par une série de courbes d'un très petit rayon ; aussi, le matériel employé était-il spécial à la ligne de Sceaux ; c'étaient des « trains articulés », système Arnoux, dont les roues, pour épouser les courbes, étaient de hauteur inégale. A Paris (gare d'Enfer) et à Sceaux, existait une boucle, grâce à laquelle l'ensemble de la ligne formait un circuit complètement fermé.

Cet état de choses, qui assurait au chemin de fer de Sceaux un succès de curiosité, disparut à la date du 18 mai 1893, jour où le système de la voie normale lui fut appliqué. Dès lors, les trains desservirent d'abord la station dite de Sceaux-Ville, située au bas de la rue Penthièvre, puis celle de Fontenay-aux-Roses, et enfin la gare de Sceaux-Robinson, construite au lieu dit les Quatre-Chemins [1].

Une autre modification, plus importante encore, date du 30 mars 1895, jour où a été officiellement inauguré le prolongement de la ligne en souterrain dans Paris, jusqu'au point de rencontre du boulevard Saint-Michel et de la rue Gay-Lussac. Il est question qu'elle ait son terminus à la place Saint-Michel pour se raccorder aux nouvelles voies de la ligne d'Orléans, continuées jusqu'au quai d'Orsay.

Tramways. — A deux reprises, le 31 août 1892 et le 28 juillet 1893, le Conseil municipal a émis le vœu qu'un embranchement du tramway de Paris à Arpajon fût établi dans la rue Houdan, entre Bourg-la-Reine et Robinson. Ce vœu n'a pas été, jusqu'ici, pris en considération.

Poste, téléphone.— Le 28 mai 1892, le Conseil municipal avait voté le principe d'un circuit téléphonique entre Paris et Sceaux et le transfert du service postal dans les bâtiments de la nouvelle

1. Dans sa séance du 5 juillet 1892, le Conseil municipal avait émis le vœu que les noms des deux nouvelles gares fussent : 1° Sceaux-Lakanal ; 2° Sceaux-Quatre-Chemins.

mairie (ancienne sous-préfecture). Cette décision n'a pas été suivie d'effet pour le second point; quant au premier, c'est l'année suivante, à la suite du vote d'un abonnement de 50 francs par an (délibération du 24 février 1893), qu'une cabine téléphonique a été installée, au mois de novembre, dans le bureau de poste de Sceaux, rue Penthièvre.

Le 28 juillet 1893, le Conseil municipal a ouvert un crédit de 125 francs pour l'achat et la pose d'une boîte aux lettres à la gare de Sceaux-Robinson.

Octroi. — Il a été établi le 1er janvier 1864, pour compenser la suppression prochaine du marché de Sceaux.

Instruction secondaire. — Contrairement au régime universitaire de la France qui impose à chaque département un lycée et à chaque arrondissement un collège, Sceaux n'a jamais eu de collège; mais, depuis 1885, un « lycée parisien » se trouve sur son territoire, le lycée Lakanal, dont la situation, dans une emprise de l'ancien parc de Trévise, est particulièrement favorable à l'hygiène.

MAIRES DE SCEAUX

GLOT (Richard). Élu le 7 février 1790.
CORANCY (Olivier de). 1791.
TRÉVILLIERS (Jean-Louis-Charles-Jacques). Élu agent municipal, le 15 brumaire an IV; donne, puis reprend, le même jour, sa démission.
DESGRANGES (François). Nommé maire, le 30 floréal an VIII.
LAVIT DE CLARYEL (Jean-Étienne). 1812-1815.
DUPUIS (Jean-Baptiste). 1815-1816.
MUIRON (Nicolas-Eustache). 1816-1820.
LAVIT DE CLARYEL (Jean-Étienne). 1820-1822.
BARROIS (Louis-Théophile). 1822-1825.
FAUCHAT (Nicolas). 1825-1827.
HUAT-DUPARC (Jean-Baptiste-Étienne). 1827-1830.
GARNON (François-Nicolas-Achille). 1830-1837.
VANDERMARCQ (Jean-Baptiste-Agapit-Louis). 1837-1846.
GARNON (François-Nicolas-Achille). 1846-1851.
ARMANDIER (Joseph-Brice). 1851-1852. Démissionnaire.
GUYON (César-Frédéric-Edmond). 1852-1866. Démissionnaire.
CULLERIER (François-Jules). 1866-1878.
CHARAIRE (Michel). 1878. Démissionnaire.
GRONDARD (Charles). 1879-1882.
LESOBRE (Charles-Nicolas-Athanase). 1882-1884.
GRONDARD (Charles). 1884-1887. Démissionnaire.
CHARAIRE (Michel). Élu le 30 avril 1887. Réélu constamment depuis.

IV. — MONUMENTS ET ÉDIFICES PUBLICS

Mairie. — Si l'on en croit M. Advielle, la ville de Sceaux n'eut de mairie qu'en 1843 ; ce fut l'édifice, — construit par Naissant, — qui sert aujourd'hui de justice de paix depuis qu'en 1887 les services municipaux ont été installés dans l'hôtel de la sous-préfecture. Avant 1843, la mairie n'était autre que le domicile du maire. On sait par les registres du temps de la Révolution que les assemblées générales se tenaient dans l'église ; c'est là aussi que fut proclamée la nomination, comme maire, de François Desgranges, le 30 floréal an VIII.

Sous-préfecture. — La délibération que nous avons publiée (pp. 25-29) sur le changement du siège de la sous-préfecture porte qu'en 1835 cet édifice départemental avait déjà occupé cinq locaux successifs, tous en location, et que le Conseil général venait de se décider à en acquérir un, — sans doute l'ancienne maison de Palloy, rue des Imbergères. Ce ne devait pas être le dernier. L'édifice actuel, qu'occupe maintenant la mairie, fut construit aux frais du département, de 1863 à 1865, par l'architecte Naissant.

Marché. — Le marché, construit en grande partie sur l'emplacement de l'ancienne gare du chemin de fer, a été solennellement inauguré le 4 août 1895.

Cimetière. — Nous avons eu occasion de dire plus haut (p. 29) que le cimetière actuel avait été transféré en 1814 de la rue du Petit-Chemin (rue des Écoles) à l'extrémité occidentale de l'agglomération, au lieu dit les Acacias. Le 6 novembre 1859, le Conseil municipal vota un agrandissement de 1.850 m. 25 que l'administration centrale ne crut pas devoir autoriser. Un autre plan fut étudié les 14 et 28 février 1863, et cette fois admis. Depuis cette époque, le cimetière a été plusieurs fois agrandi, notamment à la suite d'une délibération du 23 février 1896.

Église. — On peut dire en réalité qu'elle date de 1897, au moins à l'intérieur, tant la restauration qui fut faite cette année-là l'a transformée en un édifice nouveau. L'église primitive, bâtie au XIIIe siècle, avait été reconstruite vers 1476 par les soins de René Baillet, seigneur du lieu, et de nouveau réédifiée vers 1730. Lors de la nouvelle consécration, en 1738, elle perdit son vocable originel de Saint-Mammès, pour prendre celui de Saint-Jean-Baptiste. La flèche, dont l'aspect est si pittoresque au milieu de la verdure qui l'environne, avait été détruite lors de la Révolution; elle a été relevée sur l'initiative et pour la plus grande partie aux frais du duc de Trévise. Le 15 juin 1853, le maire, — c'était alors M. Guyon — fit part au Conseil municipal de ce généreux projet, qui fut réalisé la même année. On remarque dans l'intérieur du monument un groupe en marbre blanc, *le Baptême de Jésus*, œuvre de Tuby, qui provient de l'ancienne chapelle du château, — et quelques fragments de l'épitaphe qui accompagnait le tombeau du duc du Maine.

Bustes des félibres. — On a déjà vu (p. 29) dans quelles conditions les restes de Florian furent exhumés de l'ancien cimetière communal et transférés dans le petit jardin qui borde la façade nord de l'église. Au pied du buste inauguré en 1839 est déposée une plaque de marbre portant cette simple inscription :

ICI
REPOSE LE CORPS
DE FLORIAN
HOMME DE LETTRES

C'est ici le lieu de dire que, le 26 novembre 1890, la restauration de ce monument si simple rendit nécessaire l'exhumation et la réinhumation des cendre du poète. Le procès-verbal suivant en fait foi :

VILLE DE SCEAUX

RÉPUBLIQUE FRANÇAISE

EXHUMATION
ET RÉINHUMATION
DES CENDRES DE
Jean-Baptiste Florian

L'an mil huit cent quatre-vingt-dix, le vingt-six novembre,

Nous,

Michel Charaire, maire de la ville de Sceaux; Frédéric Pourrat, commissaire de police, constatons que les cendres de Jean-Baptiste Florian ont été exhumés et réinhumés en ce lieu pour permettre la restauration du monument.

En foi de quoi nous avons dressé le procès-verbal que nous avons signé :

Le Commissaire de police, POURRAT.

Le Maire, CHARAIRE.

Copie du présent a été déposée dans un tube en plomb dans le cercueil contenant les restes de Florian. Une autre copie a été également rédigée pour le commissaire de police et placée dans ses archives.

Depuis que Sceaux est devenu en quelque sorte le lieu de rendez-vous des félibres de Paris avec ceux du Midi, deux nouveaux bustes de poètes provençaux ont été placés à côté de celui de Florian : celui de « Teodor » Aubanel en 1887, et celui de Paul Arène, inauguré le 4 juillet 1897.

BIBLIOGRAPHIE

Description de la chapelle de Sceaux. Poème de Mlle D. S. A. ; *Paris,* 1676, in-4°, 24 pp.

Autographes datés de Sceaux, publiés, au t. XXI des *Mémoires de la Société historique du Vexin*, par M. J. Depoin.

Extrait ou précis de tous les règlemens concernant la police des marchés de Sceaux et de Poissy depuis leur établissement jusqu'à présent, distribués en sept titres ou subdivisions principalles ; *Paris,* Prault, 1757, in-4°.

L'ABBÉ LEBEUF, *Histoire du diocèse de Paris,* t. III, pp. 545-552 de la réimpression de 1883.

La notice de l'abbé Lebeuf a été réimprimée à part sous le titre : *Origines de Sceaux jusqu'en* 1757, par M. Charaire ; *Sceaux*, imp. Charaire et fils, 1888, in-16, 23 pp.

Promenade de Sceaux-Penthièvre, de ses dépendances et de ses environs, avec une description de tout ce qu'il y a de remarquable dans chaque village de la dépendance de Sceaux, et dans quelques-uns des environs. A Amsterdam, et se trouve à Paris chez Gueffier...., 1772, in-12.

Plans en atlas de la seigneurie de Sceaux, suivis d'un répertoire indiquant les noms des censitaires, les continences de chaque pièce de terre, leurs natures et redevances, le tout relatif aux déclaratious du nouveau papier terrier, faits par ordre de très haut, très puissant et très excellent prince Monseigneur Louis-Jean-Marie de Bourbon, duc de Penthièvre..., baron de Sceaux..., par E. F. Cicille fils en 1782 (Manuscrit à la Bibliothèque de la Ville de Paris, sous la cote 6043, in fol.).

Sceaux. Poème par Philippe Quinault ; *Paris*, 1813, in-12. Observations sur le projet de transférer de Sceaux à Choisy-le-Roi le chef-lieu de sous-préfecture ; 1836, in-4.

Sinet (M.), *Précis de l'histoire de Sceaux*, depuis son origine connue jusqu'à nos jours, contenant les faits, anecdotes et épisodes qui s'y rattachent, et un résumé biographique des principaux personnages qui l'ont habité ; *Sceaux*, 1843, in-8.

Annuaire de l'arrondissement de Sceaux, année 1868.

Jullien (Adolphe). *Les Grandes Nuits de Sceaux*. Le théâtre de la duchesse du Maine. *Paris*, Baur, 1876, in-8.

Les sous-préfectures de la Seine : Saint-Denis et Sceaux. ; *Paris* 1880, in-8 (par G. de Peyramont, ancien sous-préfet de Sceaux. Mémoire écrit pour protester contre la suppression des deux sous-préfectures et dans lequel presque tous les arguments présentés ont trait à l'arrondissement de Sceaux).

Advielle (Victor), *Histoire de la ville de Sceaux* depuis son origine jusqu'à nos jours..., deuxième édition ; *Paris*, Delarue, 1889, in-8.

Inauguration de la fondation Sainte-Marguerite à Sceaux (en décembre 1893) ; *Sceaux*, s. d., in-8 carré, 21 pp.

Fernand Bournon.

RENSEIGNEMENTS
ADMINISTRATIFS

IN MEMORIAM
BENEFACTORVM

I. — TOPOGRAPHIE, DÉMOGRAPHIE ET FINANCES

---

§ I. — TERRITOIRE ET DOMAINE

A. — TERRITOIRE

Nom. — Sceaux.

Dénomination des habitants. — Le seul vocable en usage est Scéens.

Armoiries. — La commune de Sceaux porte : écartelé : au 1er, d'or à la couleuvre d'azur ondoyante en pal, qui est de *Colbert;* au 2e, d'azur à trois fleurs de lis d'or, posées 2, 1, au bâton de gueules péri en barre, qui est de *Bourbon-du-Maine ;* au 3e, d'azur à trois fleurs de lis d'or, posées 2, 1, au bâton de gueules péri en barre, qui est de *Bourbon-Penthièvre ;* au 4e, contre-écartelé : au 1er et au 4e, d'or au buste de cheval de sable, celui du 1er contourné ; au 2e, d'azur au dextrochère d'or, armé d'une épée d'argent, mouvant de sénestre ; au 3e, d'azur au dextrochère de même, mouvant de dextre ; au chef de gueules semé d'étoiles d'argent, qui est de *Mortier de Trévise ;* sur le tout de gueules, à l'S majuscule d'or. Couronne murale. Devise : *In memoriam benefactorum ;* l'écu entouré de branches de laurier et de chêne.

En adoptant ces armoiries qu'explique la devise : En mémoire des bienfaiteurs, la commune a voulu rappeler le souvenir des principaux possesseurs de la terre et du château de Sceaux; les Potier de Gesvres seuls ont été exceptés; l'autorisation d'emprunter les armes de la famille de Trévise avait été gracieusement concédée, vers 1866, par le duc de Trévise, fils du maréchal Mortier.

Limites du territoire. — La commune de Sceaux, placée dans une charmante situation, sur les versants Nord et Sud d'une colline qui part de la vallée de la Bièvre, pour aboutir au plateau de Malabry, est bornée :

Au Nord, par Fontenay-aux-Roses et Bagneux;
A l'Est, par Bourg-la-Reine;
A l'Ouest, par Châtenay;
Au Sud, par Châtenay.

Quartiers, hameaux, écarts. — La commune de Sceaux ne possède pas de quartier ayant un nom spécial; le nouveau tracé du chemin de fer a amené la construction, près des deux gares, celle de Sceaux-Ville, du côté du lycée Lakanal, et celle de Sceaux-Robinson, à l'endroit que la tradition locale appelle les Quatre-Chemins, d'un nombre considérable de maisons. L'agglomération centrale est située entre l'église et la mairie. A l'exception de la partie du parc de Mme la marquise de Trévise, qui se trouve sur la commune et qui occupe à elle seule plus du tiers du territoire (Voir p. 34), tout le reste se couvre de constructions.

Lieux dits. — Les Aulnes, les Bas Coudrais, les Blagis, les Champs Girard, le Clos Saint-Marcel, les Coudrais, les Mouille Bœufs, la Grande Voie, les Hauts Blagis, Derrière la Ménagerie, la Diane, les Filmins, les Jockos, Derrière la Tour, les Chêneaux, les Quatre Voies, les Sablons, les Bas Sablons, les Milans, les Heulins, les Torques, les Glaises, les Plants Pommiers [1], Avenue de Sceaux, Parc de Sceaux, Ancien Marché de Sceaux.

1 Les Plants Pommiers sont devenus le lycée Lakanal.

Superficie de la commune. — La superficie actuelle du territoire est de 326 hectares, dont :

Propriétés bâties	50 hectares
Propriétés non bâties	270 —
Total égal.	320 hectares

Arrondissement. — Sceaux.

Canton. — Sceaux.

Circonscription électorale législative. — 4e circonscription de l'arrondissement de Sceaux.

Sectionnement électoral. — Pas de sectionnement.

Bureau de vote. — Un seul bureau de vote, à la mairie.

Circonscription judiciaire.— Justice de paix de Sceaux.

Circonscription de commissariat. — Commissariat de police à Sceaux.

Orographie. — Point le plus haut au-dessus du niveau de la mer : 105 mètres (rue Houdan, vers Robinson).

Point le plus bas : 55 mètres (l'angle Nord-Est de la commune, vers Bourg-la Reine et Bagneux, au lieu dit les Blagis).

L'altitude a été repérée, à la mairie, à la cote 97,5.

Hydrographie. — Le ru de la Fontaine du Moulin forme limite entre Sceaux et Fontenay-aux-Roses sur une longueur de 2.230 mètres.

Le ru d'Aulnay parcourt le territoire de Sceaux sur 1.320 mètres et s'y termine dans le canal du parc de Sceaux.

DÉSIGNATION des COURS D'EAU	LOCALITÉS du département situées SUR LES COURS D'EAU	LIMITES dans le département DES COURS D'EAU ou de leurs sections		LONGUEURS comprises dans le DÉPARTEMENT		LARGEUR MOYENNE des cours d'eau ou de leurs sections	PENTE TOTALE par cours d'eau ou par section	SURFACE DU VERSANT de chaque cours d'eau dans le DÉPARTEMENT
		A L'AMONT	A L'AVAL	PAR SECTION	PAR COURS D'EAU			
				mèt.	mèt.	mèt.	mèt.	mèt.
Ru de la Fontaine du Moulin	Fontenay-aux-Roses Sceaux Bourg-la-Reine	Fontenay-aux-Roses..	Bièvre	2.800	2.800	0.75	46.81	» »
Ru d'Aulnay	Aulnay Sceaux	Aulnay.....	Parc de Sceaux.....	2.350	2.350	0.70	44.53	» »

B. — DOMAINE

Mairie. — La mairie, qui est plutôt un élégant hôtel qu'un monument, a été autrefois, de 1865 à 1880, l'hôtel de la sous-préfecture et a été construite pour cet usage, de 1863 à 1865, sur les plans de M. Naissant.

L'entrée est rue Houdan, n° 122.

La façade principale se divise en cinq travées et comporte trois étages.

Le rez-de-chaussée, auquel on accède par un perron droit à sept degrés, présente trois portes et deux fenêtres plein cintre.

Les cinq fenêtres du premier étage sont rectangulaires.

Le deuxième étage, au-dessus de l'avant-corps formant attique, est ajouré de fenêtres placées de chaque côté d'un cadran d'horloge qui occupe l'axe de la façade ; il est surmonté d'un fronton circulaire dont le tympan est décoré de feuillages de chêne et de laurier.

En avant de cette façade et entourant la cour d'honneur, se trouvent deux ailes, sans aucune ornementation, anciens communs de la sous-préfecture ; celle de gauche est occupée par les bureaux et l'habitation du secrétaire de la mairie ; celle de droite, par la remise des pompes à incendie, le logement du concierge-appariteur et une grande pièce affectée à l'Association des Dames francaises.

La façade postérieure présente les mêmes dispositions architecturales que celles que nous venons de décrire. Du jardin qui s'étend derrière, on accède aux appartements par un perron à double révolution, dont les rampes sont ornées d'une balustrade.

L'intérieur du bâtiment comprend :

Au rez-de-chaussée : le cabinet du maire ; une salle de commissions ; la salle des mariages (ancien grand salon) où se trouve un très beau portrait de François Desgranges, ancien maire et bienfaiteur de la commune, donné par son fils, et peint par Mérigot, et une belle pendule de style Directoire, enfin la salle du Conseil (ancienne salle à manger).

Au 1er étage, la bibliothèque et différentes pièces servant de dépôt.

Au 2e étage, les archives, où se trouve un buste en plâtre, au tiers de nature, du duc de Penthièvre.

La superficie du terrain, y compris la cour d'honneur et les jardins, est de 3.600 mètres, dont 522 pour la construction.

Le monument appartient à la commune qui l'a acquis du département, pour une somme de 60.000 francs, le 24 juillet 1886.

De 1881 à 1886, une école normale supérieure de jeunes filles y a été installée.

Écoles. — L'école des garçons est située rue des Écoles, nº 4.

L'école des filles est située rue des Écoles, nº 33. Elle a été reconstruite, de 1859 à 1863, pour agrandir l'asile et isoler l'infirmerie communale.

L'école maternelle est située rue des Écoles, nº 33 *bis*.

Ces immeubles appartiennent à la commune.

Église. — L'église est située place du Marché et rue Houdan.

La superficie du terrain est de 1.250 mètres.

Le monument appartient à la commune.

Par suite de réédifications successives et qui datent des deux derniers siècles, il ne subsiste plus guère de la primitive construction que la nef du milieu.

Le monument se compose d'une nef sans ouverture, et de bas côtés à ogives où se trouve, à gauche, une chapelle.

Les bas côtés sont éclairés par huit fenêtres.

Le grand autel, sous le vocable de saint Jean-Baptiste, est à l'extrémité de la nef; à droite, se trouve la chapelle de saint Mammès, premier patron de la paroisse; à gauche, celle de la Vierge.

Le sarcophage du grand autel, en marbre blanc veiné, long de plus de 3 mètres, a été exécuté de 1780 à 1790; il a coûté 3.046 livres, dont 400 livres payées pour les moulures au sieur Jacques, de la manufacture de Bourg-la-Reine. Le duc de Penthièvre contribua à cette dépense pour 2.000 livres.

Le dessus du maître-autel est orné d'un groupe en marbre blanc, provenant de la chapelle de l'ancien château. Exécuté par Tuby, en 1680, il représente le baptême du Christ par saint Jean-Baptiste. C'est une œuvre d'art de grande valeur, d'un beau style vigoureux et du plus bel effet décoratif.

Les stalles et le banc d'œuvre datent du milieu du siècle

dernier (1756) ; la chaire a été édifiée en 1817 au moyen des dons des paroissiens ; elle ne présente rien de remarquable.

L'église n'a plus que deux cloches sur quatre qu'elle possédait autrefois ; l'une est placée dans le gracieux campanile qui surmonte le portail de la Renaissance, l'autre dans la flèche, réédifiée en 1853, par les soins du second duc de Trévise, qui supporta pour la plus grande part la dépense de 20.000 francs. L'architecte Lassus en a fait une de ses plus élégantes créations [1].

Le vitrail du fond de l'église date de 1873 et sort des ateliers de Hirsch ; il a remplacé, au moyen d'une souscription des habitants et à l'aide d'un don de 1.000 francs du ministère de l'instruction publique et des cultes, celui qui avait été placé en 1841 et provenait de la manufacture de Choisy-le-Roi.

Parmi les œuvres d'art qui peuvent attirer l'attention, il convient de signaler, au premier rang, un médaillon de marbre blanc, sculpté par Coysevox et encastré dans le devant de l'autel de la chapelle de la Vierge. Il représente le couronnement de la Vierge par l'enfant Jésus. C'est une œuvre charmante que la Ville de Paris a fait mouler il y a quelques années.

L'église contient aussi les fragments des épitaphes du duc et de la duchesse du Maine.

La restauration de l'église a donné lieu, en 1891, à une dépense de 24.096 fr. 93 (arrêté préfectoral du 10 novembre 1892) et, en 1897, à une dépense de 14.956 fr. 61, autorisée par arrêté préfectoral du 10 mars 1897 ; cette somme se compose d'une subvention de la commune de 5.000 francs, d'un prélèvement de 1.000 francs sur les fonds libres de la fabrique et pour le surplus d'offrandes.

A gauche de l'église, un jardin, formé en partie de l'ancien corps de garde, adossé autrefois au monument et qui a disparu depuis peu d'années, contient un bronze de Florian, œuvre du sculpteur Fauginet, inauguré en 1838, et deux monuments à la mémoire de Paul Arène et d'Aubanel, surmontés de leurs bustes en bronze.

Temple, synagogue. — Néant.

1. Il a été frappé en souvenir une médaille tirée en argent et en bronze. Avers : l'église et dessous le mot *Sceaux*. Revers : *Campanella Ecclesiæ de Cellis reedificata a duce Trevisii anno* MDCCCLIII.

Presbytère. — Le presbytère, contigu à l'église, est situé rue du Marché, n° 1 ; il a été donné à la fabrique, en 1837, par l'abbé Mercier, doyen de la Faculté de théologie de Paris.

La superficie, y compris le jardin, est d'environ 1.000 mètres. Il appartient à la fabrique.

Cimetière. — Un arrêté préfectoral de 1806 prescrivait la suppression de l'ancien cimetière, situé alors rue du Petit-Chemin, au milieu des habitations.

En 1808, le Conseil municipal acquit une partie de l'emplacement actuel, rue Houdan, à droite, en venant du centre, un peu avant les Quatre-Chemins ; mais l'ouverture n'eut lieu qu'en 1814.

La superficie, de 1.708 mètres carrés à l'origine, a atteint, par suite d'acquisitions successives, en 1863, 1874 et 1894, 6.960 m. carrés 54 ; la dernière acquisition de terrain, au lieu dit la Grande Voie, a été faite dans une vente : 8 ares 54 centiares ont été acquis au prix de 1.400 francs ; ce terrain n'est pas encore utilisé.

Parmi les monuments les plus remarquables, il faut citer celui de la famille Lesobre, surmonté d'une statue de femme ; celui des familles Maufra, Meldon de Sussex, Cauchy et de l'Escalopier, de Montgolfier.

Le dessinateur Edmond Morin, né au Havre le 20 mars 1824 et mort à Sceaux le 17 août 1882, y est enterré dans une tombe surmontée d'un buste de marbre, d'un très beau mouvement, œuvre du sculpteur Doublemard (1884) ; au-dessous, des attributs en bronze, palettes, pinceaux.

Un caveau dépositoire, ouvert en 1874, a coûté 1.069 fr. 66.

Tombes militaires. — A gauche de la porte ouvrant sur la rue du Clos-Saint-Marcel est un terrain sablé, de 4 mètres carrés, entouré d'une grille et où se trouvent une pyramide de pierre, avec une inscription en langue allemande, une croix de bois noir au nom de Philippe Scemml et une colonne tronquée en marbre blanc, portant les noms de Baptist Thanner et Heinrich Wild, lieutenants bavarois.

A droite de la même porte est un terrain sablé, de 4 mètres carrés, entouré d'une grille et orné d'un monument se composant d'un socle en bronze colorié et en pierre, surmonté d'un trophée de drapeau, fusil et sabre, formant une croix.

Le piédestal porte l'inscription suivante:

1870-1871
A NOS FRÈRES
MORTS POUR LA PATRIE

MONUMENT ÉLEVÉ
AUX FRAIS DE LA VILLE DE SCEAUX
ET DE LA
53e SECTION DES VÉTÉRANS
DES ARMÉES DE TERRE ET DE MER

MARS 1899

Hospice. — Néant. (Voir p. 86.)

Hôpital. — Néant.

Morgue. — Néant.

Crèche. — La crèche municipale est installée dans un local loué à l'infirmerie.

Dispensaire. — Néant.

Fourneau économique. — Néant.

Théâtre. — Néant.

Marché. — La création d'un marché remonte à 1885. La commune a fait construire en 1895, rue Houdan, en face de l'église, au prix de 64.575 francs, un marché couvert dont l'entreprise a été concédée à un particulier. (Voir p. 81.)

Abattoir. — Pas d'abattoir public, mais 6 tueries particulières chez 3 bouchers et 3 charcutiers de la localité.

Fourrière. — Néant.

Terrains communaux. — Néant.

Fort. — Néant.

§ II. — DÉMOGRAPHIE

A. — POPULATION

Les dénombrements faits depuis 1801 donnent les résultats suivants :

1801	1.348 [1]
1817	1.080
1831	1.433
1836	1.670
1841	1.844
1846	2.023
1851	2.035
1856	2.133
1861	2.267
1866	2.578
1872	2.287
1876	2.460
1881	2.783
1886	3.443
1891	3.521
1896	3.926

Le chiffre de la population a donc presque triplé depuis le commencement du siècle ; cette progression est destinée à augmenter encore, grâce aux facilités de transport qu'a créées le nouveau tracé du chemin de fer.

Les tableaux dressés à la suite du dernier recensement contiennent les renseignements suivants :

Population *résidente :* 3.926.

Résidents présents	3.522	3.926 habitants
— absents	66	
Population comptée à part	338	

1 Un siècle auparavant, en 1709, lors du dénombrement des paroisses de la Généralité de Paris, la population de Sceaux ne comprenait que 126 feux. (*Appendice* (p. 424) *au Mémoire de la Généralité de Paris pour l'instruction du duc de Bourgogne,* publié dans la collection des Documents inédits de l'Histoire de France, par M. de Boislisle.)

La population *recensée comme présente*, le 29 mars 1896, se décompose ainsi :

	ENFANTS ou célibataires	MARIÉS	VEUFS	DIVORCÉS	TOTAL
Hommes...	1.100	753	72	2	1.927
Femmes.............	903	750	276	4	1.933
	2.003	1.503	348	6	3.860

La population de Sceaux, au point de vue de la provenance, se divise ainsi :

19/26es d'habitants venus de divers points de la France ;
6/26es d'habitants nés à Sceaux ;
1/26e d'Alsaciens et d'étrangers.

Le classement de cette population par nationalités est résumé dans le tableau suivant :

		HOMMES	FEMMES	TOTAL
Français	Nés de parents français...........	1.833	1.832	3.665
	Naturalisés..................	31	41	72
Étrangers	Anglais...........................	1	5	6
	Allemands.........................	7	6	13
	Belges............................	20	18	38
	Luxembourgeois...................	»	5	5
	Hollandais........................	»	1	1
	Italiens..........................	2	2	4
	Espagnols.........................	2	2	4
	Suisses...........................	13	12	25
	Russes............................	1	1	2
	Suédois......	8	7	15
	Danois............................	2	1	3
	Portugais.........................	1	»	1
	Grecs.............................	2	»	2
	Serbe.............................	1	»	1
	Divers............................	3	»	3
		1.927	1.933	3.860

Les départements de la France qui fournissent à la commune le plus fort contingent sont :

Seine (non compris Sceaux)	960	habitants
Seine-et-Oise	294	—
Meuse	76	—
Yonne	72	—
Seine-et-Marne	71	—
Cher	55	—
Indre	51	—

En résumé, la population de Sceaux est ainsi répartie d'après le lieu de naissance :

Français	3.737	dont	830	nés dans la commune.
Étrangers	123	dont	10	—
Soit un total de	3.860	habitants, dont	840	nés dans la commune.

Dans l'année 1898, l'état civil a enregistré :

73 naissances;
92 décès;
44 mariages ;
» divorces.

B. — HABITATIONS

Nombre de maisons : 507.

Habitations composées	d'un rez-de-chaussée	39
—	d'un étage	231
—	de deux étages	204
—	de trois étages	30
—	de quatre étages	3
	Total	507

dont . . . . 406 occupées
et. . . . . 101 vacantes.

Nombre de logements : 1.184, occupés par . . 272 isolés.
et . . . . 912 familles.

90 ateliers, 55 magasins ou boutiques.

C. — DIVERS.

Électeurs inscrits en 1899. — 940.

Recrutement. — 35 conscrits ont tiré au sort en 1899.

Chevaux. — 131 chevaux, appartenant à 65 propriétaires :

Chevaux entiers . . .	17	dont »	au-dessous de 6 ans et	17	au-dessus
Chevaux hongres. . .	80	— 2	—	78	—
Juments	34	— 2	—	32	—
Totaux	131	dont 4	au-dessous de 6 ans et	127	au-dessus.

Voitures. — 68 voitures, appartenant à 49 propriétaires.

33	à 2 roues, attelées de 1 cheval.
3	à 2 roues, attelées de 2 chevaux.
24	à 4 roues, attelées de 1 cheval.
6	à 4 roues, attelées de 2 chevaux.
2	à 4 roues, attelées de 3 chevaux.
Total. . . 68	

§ III. — FINANCES

A. — CONTRIBUTIONS

Principal des contributions directes en 1899 :

Contribution foncière	14.579 »
— personnelle et mobilière	15.732 »
— des portes et fenêtres. . . .	6.674 »
— des patentes.	8.279,78
Total.	45.264,78

Perception des contributions. — Le bureau est situé rue Florian, n° 13 ; il est ouvert au public les vendredis et samedis de 9 heures à 3 heures.

Sceaux est le siège d'une perception de deuxième classe qui comprend les communes de Sceaux, Antony, Bourg-la-Reine, Châtenay, Fontenay-aux-Roses et du Plessis-Piquet.

B. — OCTROI

Mode de gestion. — L'octroi de Sceaux, qui date de 1864, est administré par la Régie.

Bureaux. — Les bureaux de perception sont ouverts tous les jours, rue Houdan, nos 1, 35 et 204, de 9 heures du matin à 6 heures du soir.

Produits des taxes ordinaires et spéciales. — Le produit des taxes en 1897 s'est élevé à :

Taxes principales	28.518, 35
— spéciales	3.448, 17
Total	31.966, 52

Tarif de l'octroi. — Voir aux annexes.

C. — FINANCES COMMUNALES

Recettes ordinaires d'après le compte de 1897.	92.823,88
— extraordinaires — —	22.583,74
Total.	115.407,62 [1]
Dépenses ordinaires d'après le compte de 1897.	85.430,33 [2]
— extraordinaires — —	24.193,17 [2]
Total.	109.623,50 [3]

Les dépenses ordinaires se répartissent ainsi qu'il suit entre les principaux services :

1° Administration, police, octroi . .	20.525,72
2° Voirie.	34.682,65
3° Bienfaisance . .	5.788,11
4° Enseignement . .	11.920,54
5° Dépenses diverses. . . .	11.498,01

Emprunts. — La commune a contracté : 1° avec la Caisse des chemins vicinaux, un emprunt de 96.000 francs remboursable en 30 années, à partir de 1886, pour l'amélioration du réseau vicinal (décret du 12 novembre 1883) ; 2° avec le Crédit foncier de France, un emprunt de 265.000 francs, remboursable en 20 ans, à partir de 1897, pour l'ouverture d'une voie nouvelle et la construction d'un marché (arrêté préfectoral du 11 avril 1894).

1. Ces recettes constituent les ressources normales de la commune.

2. Non compris les restes à payer devant figurer au compte administratif de l'année suivante.

3. Ce total représente les dépenses normales de la commune.

Secours. — La commune a reçu, depuis 1890, des secours pour l'exécution des travaux énumérés ci-après :

Année 1890. — Travaux communaux. . . . . 20.000 »

Année 1892. — Construction de deux égouts rue des Écoles et rue Voltaire. . . . . 5.000 »

Année 1892. — Travaux communaux. . . . . 7.300 »

Année 1894. — Acquisition de mobilier scolaire. 1.400 »

Année 1895. — Construction d'un marché couvert; opérations de viabilité. . . . . . 92.000 »

Valeur du centime en 1899. — 452 fr. 65.

Nombre de centimes. — 93 centimes, dont 20 extraordinaires, non compris les 3 centimes pour frais de perception des impositions communales.

Charges par habitant. — 24 fr. 05.

Receveur municipal. — La commune n'a pas de receveur municipal spécial; c'est le percepteur des contributions qui est chargé de ce service; il reçoit un traitement annuel de 1.974 francs.

II. — SERVICES PUBLICS

§ I. — BIENFAISANCE

Bureau de bienfaisance. — Cet établissement charitable distribue aux indigents des secours en nature : pain, viande et combustible et leur fait donner, en cas de maladie, les soins nécessaires.

Un médecin, attaché au Bureau de bienfaisance, reçoit une indemnité de 500 francs par an ; une sage-femme touche une allocation de 300 francs pour soins aux accouchées indigentes.

Cinquante-deux familles, représentant 208 individus, sont inscrites au Bureau de bienfaisance.

En outre, le Bureau distribue, chaque hiver, des secours à des indigents non inscrits.

D'après la dernière situation financière, les recettes se sont élevées à 17.693 fr. 76 et les dépenses à 12.766 fr. 47, d'où un excédent de recettes de 4.927 fr. 29.

Parmi les recettes, il faut signaler 1.000 francs provenant du legs de Trévise, 200 francs du legs Sinet et 325 francs du legs Reddon de La Grandière.

Par testament du 18 mai 1884, M. Jean-Baptiste-Eugène-Joseph, vicomte Maison, a légué au Bureau de bienfaisance une somme de 10.000 francs sans condition (arrêté préfectoral du 19 août 1886).

Par testament du 5 mars 1894, Mme Annette-Marguerite Dorange, veuve de M. Jean-Louis Davril, a légué au Bureau de bienfaisance une somme de 1.000 francs (arrêté préfectoral du 12 novembre 1897).

Hospice. — Néant. (Voir p. 86.)

Hôpital. — Une infirmerie, ancienne « Maison des pauvres », est installée dans un immeuble attenant à l'école de filles. Les dépenses d'entretien se sont élevées, pour la dernière situation, à 4.820 francs.

Traitement des malades dans les hôpitaux de Paris. — Les malades de la commune sont envoyés en traitement dans les hôpitaux de Paris.

Conformément aux délibérations du Conseil général, du 3 avril 1890, et du Conseil municipal, du 27 mai suivant, la commune paye un abonnement basé sur le nombre moyen des journées de traitement des trois années précédentes, à raison d'un franc par jour et par malade.

La somme payée, pour l'exercice 1897, a été de 1.000 francs.

Assistance à domicile. — Par délibérations en date des 18 décembre 1895 et 26 avril 1896, le Conseil général a fait inscrire au budget départemental une somme annuelle de 50.000 francs, destinée à subvenir à l'assistance à domicile des vieillards indigents, infirmes et incurables. La part contributive du département sera déterminée par l'administration et devra correspondre au tiers de l'allocation municipale qui, d'ailleurs, est facultative.

Les conditions d'âge sont 65 ans pour les indigents valides ; elles ne sont pas applicables aux infirmes et aux incurables.

Il faut, en outre, avoir séjourné depuis 10 ans à Paris ou dans une commune du département.

Depuis cette époque, aucune disposition n'a été prise par la commune.

Aliénés. — La commune n'a eu à supporter, en 1897, aucune dépense relative au traitement des aliénés.

Les proportions pour lesquelles les communes du département doivent contribuer aux dépenses des aliénés ont été fixées, par délibération du Conseil général, du 27 décembre 1886, à 20, 25, 30 et 35 °/₀ sur la dépense totale, suivant le revenu de la commune.

La part éventuelle de Sceaux est de 30 °/₀ dans les dépenses des aliénés à sa charge.

Enfants assistés et enfants maltraités ou moralement abandonnés. — L'hospice des Enfants Assistés est situé à Paris, rue Denfert-Rochereau, nos 70 et 72.

En vertu d'une délibération du Conseil général du 16 décembre 1889, les dépenses des enfants maltraités ou moralement abandonnés se confondent avec celles des enfants assistés. Le but est de faire bénéficier le département des dispositions de l'art. 25 de la loi du 24 juillet 1889, qui, dans les départements où le Conseil général se sera engagé à assimiler les enfants moralement abandonnés aux enfants assistés, porte la subvention de l'État au cinquième des dépenses tant intérieures qu'extérieures des deux services.

La somme payée pour 1897 a été de 1.200 francs.

Protection des enfants du 1er âge. — En 1898, les déclarations faites par les parents, conformément à l'article 7 de la loi du 23 décembre 1874, se résument ainsi qu'il suit :

	AU SEIN	AU BIBERON	TOTAL
Nombre d'enfants de Sceaux mis en nourrice dans le département de la Seine (hors Paris)	8	7	15
Nombre d'enfants mis en nourrice hors du département de la Seine.	3	7	10
	11	14	25

Les déclarations d'élevage faites par les nourrices de la localité, en exécution de l'article 9 de la loi, ont été de 15 enfants, tous nés dans le département de la Seine.

Crèche. — La crèche municipale est installée dans un local pris en location à l'infirmerie ; les dépenses d'entretien, de gardiennage, de médecin, se sont élevées à 1.892 fr. 71.

Dispensaire. — Néant.

Fourneau économique. — Néant.

Secours aux familles des réservistes. — Un crédit de 452 fr. 65 figure au budget de 1899 pour cet objet.

Propagation de la vaccine. — Les enfants sont vaccinés à leur naissance par le médecin ou la sage-femme.

De plus, en exécution d'une circulaire préfectorale du 14 février 1894, les enfants des écoles publiques sont vaccinés et revaccinés, au mois d'octobre de chaque année, aux frais du département, par les soins des Drs Chambon et Saint-Yves Ménard, de l'Institut de vaccine animale, 8, rue Ballu, à Paris.

Caisse des écoles. — Conformément aux dispositions de l'art. 17 de la loi du 28 mars 1882, une Caisse des écoles a été créée le 17 octobre 1884.

Dernière situation de la Caisse des écoles :

RECETTES

Cotisations volontaires.	340 »
Rentes sur l'État ou autres.	30 »
Subvention communale	500 »
Dons volontaires, quêtes.	159,10
Intérêts de fonds placés	19,08
Excédent de recettes.	278,17
Subvention pour classes de garde	208 »
Subvention départementale	500 »
Total.	2.034,35

DÉPENSES

Vêtements.	383,20
Chaussures	467,50
Fournitures scolaires	52,55
Récompenses spéciales aux élèves assidus	40 »
Bons d'épargne scolaire	175 »
Frais de déplacement	5,80
Livrets de Caisse d'épargne	125 »
Remboursement à la commune d'une subvention départementale pour classes de garde	208 »
Total	1.457,05

D'où un excédent de recettes de 577 fr. 30.

Bureau municipal de placements gratuits. — Néant.

Société de secours mutuels. — La *Société de secours mutuels de Sceaux,* dite *de Saint-Jean-Baptiste*, a été créée en 1855, avec le concours de M. C. Guyon, alors maire, et autorisée par décret du 26 avril 1856 :

La Société a pour but :

1° De donner les soins du médecin et les médicaments aux associés participants malades ;

2° De leur payer une indemnité pendant le temps de leurs maladies ;

3° De pourvoir à leurs frais funéraires ;

4° De venir en aide à la veuve et aux enfants.

Le nombre des membres associés, dont la cotisation est fixée à 2 francs par mois, ne peut dépasser cinq cents.

Le nombre des membres honoraires est illimité. Ils versent une cotisation mensuelle de 1 franc.

La Société de secours mutuels, *dite Confrérie de Saint-Fiacre,* a été autorisée par arrêté du préfet de police du 29 décembre 1868, pour venir en aide aux jardiniers.

Cette Société se compose de soixante-dix membres titulaires appartenant à l'industrie du jardinage et de trente-huit membres honoraires.

La cotisation mensuelle des membres titulaires est de 0 fr. 75, plus un droit d'admission de 15 francs.

Les membres honoraires versent 10 francs par an.

Chaque année, à la Saint-Fiacre, après une messe solennelle, a lieu un banquet suivi de bal.

La Société organise des expositions et prend part, avec succès, aux concours régionaux.

§ II. — ENSEIGNEMENT

École de garçons. — L'école des garçons, composée de 95 enfants, est divisée en deux classes dirigées, l'une par un directeur, l'autre par un instituteur adjoint.

École des filles. — L'école des filles compte 90 élèves en 2 classes, ayant à leur tête une directrice et une institutrice adjointe.

École maternelle. — L'école maternelle reçoit 120 enfants, répartis en deux classes, l'une sous la surveillance d'une directrice, l'autre d'une adjointe.

Enseignement du chant, du dessin et de la gymnastique. — Le Conseil municipal a voté deux crédits de 600 francs pour l'enseignement du chant et de la gymnastique.

Admission dans les écoles primaires supérieures et professionnelles de la Ville de Paris. — Il y a eu, pour l'année scolaire 1898-1899, deux admissions

Dons et legs faits aux écoles. — François Desgranges, mort en 1848, a légué 200 francs de rente pour l'instruction primaire des enfants pauvres.

Bibliothèque scolaire. — Chaque école est dotée d'une bibliothèque scolaire; le nombre total des volumes est de 620.

Des prêts gratuits sont faits aux enfants des écoles et à leurs familles.

Bibliothèque pédagogique. — Elle se compose de 450 volumes.

Association philotechnique et polytechnique. — Néant.

§ III. — VOIRIE

La longueur des voies de communication qui sillonnent le territoire de la commune est de :

1 route nationale	555m,40
1 route départementale	505m, »
3 chemins vicinaux de grande communication	3.492m, »
12 chemins vicinaux ordinaires	6.096m, »
32 chemins ruraux	8.757m, »
Voirie urbaine	3.510m, »
Total	22.915m,40

Route nationale. — La route nationale *n° 20, de Paris à Toulouse* (route d'Orléans), forme la limite Est de Sceaux avec Bourg-la-Reine sur un parcours de 555 m. 40.

L'état en est médiocre.

Route départementale. — La route départementale *n° 28, de Paris* (porte d'Orléans) *à Verrières* (rue de Châtenay), parcourt le territoire de Sceaux sur une longueur de 505 mètres. De l'entrée à Sceaux jusqu'à 220 mètres après le carrefour des Quatre-Chemins, la route a 12 mètres de largeur et comporte une chaussée empierrée de 6 mètres avec caniveaux.

Au delà, la chaussée, de 5 à 6 mètres de largeur, est pavée et bordée de trottoirs de 1 m. 50 à 2 mètres.

Chemins vicinaux de grande communication. — 1° Le chemin vicinal de grande communication *n° 60, du Plessis-Piquet à Bonneuil-sur-Marne* (rue Houdan), traverse la commune, de l'Ouest à l'Est, dans toute sa largeur, sur une étendue de 2.342 mètres. De la sortie du Plessis-Piquet à la rue du Four, à Sceaux, la chaussée de 6 mètres de largeur est pavée; les trottoirs ont de 1 mètre à 1 m. 50. Une annexe de 191 mètres de longueur, comportant une chaussée empierrée de 6 mètres et des trottoirs de 2 mètres, se dirige vers Fontenay-aux-Roses. Entre la rue du Four et la route nationale n° 20, à Bourg-la-Reine, la chaussée est pavée et la largeur entre alignements varie de 8 à 15 mètres. Les empierrements et pavages sont en général satisfaisants dans la section de la route départementale n° 29 à la route nationale n° 20, sauf à partir de la rue du Four.

Il est à remarquer que le côté droit de la rue Houdan appartient à Bourg-la-Reine depuis la route de Toulouse jusqu'à 100 mètres après l'entrée du lycée Lakanal et porte à cet endroit le nom de « Victor-Hugo ».

2° Le chemin vicinal de grande communication *n° 74, de Châtillon à Bourg-la-Reine*, est mitoyen avec Bagneux pour les 500 mètres de son parcours sur Sceaux. La largeur normale est de 10 mètres; le pavage et l'empierrement sont dans un état satisfaisant; les trottoirs sont plantés de platanes.

L'assainissement est assuré, sur la majeure partie de son parcours, par un égout qui part de Fontenay-aux-Roses et qui aboutit à l'égout de la route nationale n° 20, à Bourg-la-Reine, après avoir recueilli les eaux du ruisseau de la Fontaine du Moulin qui longe une partie du chemin.

3° Le chemin vicinal de grande communication *n° 75, de Fontenay-aux-Roses à Sceaux* (rue de Fontenay), a 650 mètres de parcours sur le territoire de la commune. Sur 300 mètres, la chaussée, de 6 mètres de largeur, est formée d'un empierrement avec caniveaux et est bordée de trottoirs, plantés d'arbres, dont la largeur normale est de 6 mètres.

Sur le reste du parcours, le chemin n'a plus que 8 mètres de largeur et comprend une chaussée pavée de 5 mètres entre bordures.

L'empierrement et le pavage sont en bon état.

Chemins vicinaux ordinaires. — Le tableau suivant donne la situation du réseau vicinal ordinaire de la commune de Sceaux, ainsi que des renseignements sur les travaux exécutés :

NUMÉROS	DÉSIGNATION DES CHEMINS	LONGUEUR	ORIGINE	FIN	LARGEUR moyenne TOTALE	CHAUSSÉE	CHAUSSÉE NATURE	ÉTAT	OBSERVATIONS
		mètres			m.	m.			
1	DE BAGNEUX...	765	Chemin de grande communication n° 60.	Chemin de grande communication n° 74.	8	5	Empierrée.	médiocre	Mitoyen avec Fontenay sur 110 mètres.
2	DES GLAISES...	725	Territoire de Châtenay.	Rue du Marché.	10	6	id.	bon	Mitoyen avec Châtenay sur 250 mètres.
[1]									
4	DES SABLONS...	650	id.	Chemin de grande communication n° 60.	8	5	id.	id.	
5	DES MOUILLE-BŒUFS......	255	Chemin de grande communication n° 60.	Territoire de Fontenay-aux-Roses.	10	5	id.	id.	Mitoyen avec Châtenay et le Plessis-Piquet sur toute sa longueur.
6	SAINTE-GENEVIÈVE	80	Territoire de Châtenay.	Route départementale n° 28.	8	5	id.	id.	
7	DES CHÉNEAUX.	680	Route départementale n° 28.	Chemin vicinal ordinaire n° 4.	10	6	id.	id.	
8	DES CHAMPS-GIRARDS....	875	Chemin vicinal ordinaire n° 6.	Chemin de grande communication n° 75.	8	5	400m empierrée, 475m terre.	id.	475 mètres en lacune.
9	DES COUDRAIS, actuellement boulevard du Lycée......	600	Rue de Penthièvre.	P. N. du Chemin de fer de Sceaux.	8	5	500m empierrée, 100m terre.	médiocre	100 mètres en lacune.
10	RUE SAINTE-GENEVIÈVE OU RUE DE LA GENDARMERIE	300	Chemin de grande communication n° 60.	Chemin vicinal ordinaire n° 8.	8	5	Empierrée.	bon	
11	DE LA TOUR, actuellement rue Aubanel.	140	id.	Chemin vicinal ordinaire n° 7.	8	5	id.	id.	
12	DU CLOS SAINT-MARCEL ET AVENUE DE LA GARE DE SCEAUX-ROBINSON......	748	Chemin vicinal ordinaire n° 80.	Chemin vicinal ordinaire n° 5.	6 à 8	»	200m empierrée, 548m terre.	médiocre	
13	ANCIENNE VOIE DE BAGNEUX.	278	Chemin vicinal ordinaire n° 1.	Chemin de grande communication n° 60.	6,50	»	Terre.	id.	
	TOTAL....	6.096							

1 Le chemin n° 3 n'existait déjà plus en 1870.

Longueur totale à entretenir par la commune de Sceaux . . . . 4.695 mètres
Longueur à construire . . . . 1.401 —

Total pareil . . . . . . 6.096 mètres

Les dépenses relatives à l'entretien se sont élevées, en 1897, à 5.455 fr. 20 (le département a alloué une subvention de 500 francs).

Travaux neufs sur chemins vicinaux ordinaires	Travaux faits dans l'année et dépenses correspondantes	Néant.	
	Projets en préparation	Mise en état de viabilité du chemin n° 13. — Ancienne voie de Bagneux. . . . . Mise en état de viabilité du chemin n° 12. — Chemin du Clos-Saint-Marcel.	40.000 »

Chemins ruraux. — Les chemins ruraux sont au nombre de 32; leur étendue est de 8.757 mètres; leur énumération offrirait peu d'intérêt.

Il y a, en outre, cinq voies non reconnues, couvrant ensemble nne longueur de 905 mètres.

Route militaire. — Néant.

Voirie urbaine. — Les rues de la commune sont au nombre de 17; leur étendue est de 5.710 mètres ; les noms de Jean-Louis Sinet, Achille Garnon, Carnot, Marguerite Renaudin, Voltaire, Florian, de Penthièvre, Mademoiselle Mars, rappellent des illustrations ou des bienfaiteurs de la commune.

Voirie urbaine	Travaux faits dans l'année et dépenses correspondantes.	Sentier des Bas-Coudrais, rues Jean-Louis-Sinet, Achille-Garnon, avenues Carnot, de Paris, sentiers des Chéneaux, du Regard, des Hauts-Coudrais, des Heulins, de Mademoiselle-Mars et Fortin. 126.541 fr. 82.
	Projets en préparation. . .	Néant.

Prestations. — Par suite de l'insuffisance des ressources ordinaires de la commune applicables à l'entretien des chemins vicinaux, le Conseil municipal vote, chaque année, 3 journées de prestations en nature, dont la valeur en argent est appréciée par le Conseil d'arrondissement et le Conseil général.

Le rôle de l'année 1899 comporte 790 articles imposés se décomposant ainsi qu'il suit :

2.676 journées d'homme à 2 francs.	5.352 fr. »
306 journées de voiture à 2 fr. 25.	688 fr. 50
369 journées de cheval ou de mulet à 2 fr. 25	830 fr. 25
15 journées d'âne à 0 fr. 75.	11 fr. 25

Sur ce nombre de journées, sont faites en nature :

435 journées d'homme ;
117 journées de voiture ;
150 journées de cheval et de mulet ;
3 journées d'âne.

Entretien des rues et des chemins ruraux. — L'entretien des rues et des chemins ruraux est fait par les cantonniers communaux.

Balayage et enlèvement des boues. — Les habitants sont tenus de balayer au-devant de leurs maisons jusqu'au milieu de la chaussée, deux fois par semaine ; un entrepreneur est chargé de l'enlèvement des boues et immondices, moyennant une somme de 3.649 francs ; la concession date du 1er novembre 1897 pour 3, 6 ou 9 années. Le service est fait tous les jours.

Droits de voirie. — Les droits de voirie ont rapporté, en 1898, 1.212 fr. 10. (Voir aux annexes.)

Ponts. — Néant.

Rus. — Il a été fait mention, à l'article « Hydrographie », des deux rus qui se trouvent sur le territoire de la commune. Le curage en est fait, selon l'usage, par les soins de l'administration et aux frais des riverains, chacun au droit de soi, en l'absence de règlements généraux et par application du décret du 14 floréal an XI sur les canaux et rivières non navigables.

Égouts. — 300 mètres sous le chemin de grande communication n° 74, de Châtillon à Bourg-la-Reine ; 300 mètres sous toute la rue des Écoles.

Distance de Paris. — La distance de Paris (parvis Notre-Dame) à Sceaux (mairie) est de 10 kilomètres, en suivant la route départementale n° 28.

Distance des communes du canton :

Bourg-la-Reine est à 1 kilomètre 700 mètres ;
Fontenay-aux-Roses est à 1 kilomètre 900 mètres ;
Châtenay est à 1 kilomètre 900 mètres ;
Bagneux est à 2 kilomètres 800 mètres ;
Le Plessis-Piquet est à 3 kilomètres 400 mètres ;
Antony est à 4 kilomètres 300 mètres ;
Montrouge est à 6 kilomètres 500 mètres.

Moyens de transport. — Sceaux est desservi par le chemin de fer d'Orléans.

Chemin de fer d'Orléans. — Ligne de Paris-Luxembourg à Sceaux-Robinson, stations de Sceaux-Ville et de Sceaux-Robinson.

Trente-quatre trains par jour, pendant la saison d'hiver (du 15 novembre au 15 mai), et trente-sept par jour, sans compter les trains supplémentaires du dimanche, pendant la saison d'été (du 15 mai au 15 novembre), s'arrêtent à Sceaux-Ville et à Sceaux-Robinson, venant de Paris.

La durée du trajet entre Paris et Sceaux-Ville est de 27 minutes, et, entre Paris et Sceaux-Robinson, de 32 minutes.

La distance est de 10 kilomètres jusqu'à Sceaux-Ville et de 12 kilomètres jusqu'à Sceaux-Robinson.

	BILLETS SIMPLES			BILLETS D'ALLER ET RETOUR		
	1re CL.	2e CL.	3e CL.	1re CL.	2e CL.	3e CL.
Prix du trajet de Paris-Luxembourg à Sceaux-Ville..........	1 fr. 10	0 fr. 75	0 fr. 50	1 fr. 70	1 fr. 20	0 fr. 80
De Paris-Luxembourg à Sceaux-Robinson..................	1 fr. 35	0 fr. 90	0 fr. 60	2 fr. »	1 fr. 45	0 fr. 95

Prix des cartes d'abonnement :

	TROIS MOIS			SIX MOIS			UN AN		
	1e CL	2e CL	3e CL	1e CL	2e CL	3e CL	1e CL	2e CL	3e CL
	fr.	fr.	fr.	fr.	fr.	fr.	fr.	fr.	fr.
De Paris-Luxembourg à Sceaux-Ville	94	60	50	143	117	86	234	175	125
De Paris-Luxembourg à Sceaux-Robinson	103	65	55	156	128	94	240	180	130

Chemin de fer sur route de Paris à Arpajon. — Les rails du chemin de fer sur route n'empruntent que la partie de la route nationale n° 20, située sur Bourg-la-Reine ; néanmoins l'écart de Sceaux, nommé l'ancien Marché de Sceaux, ainsi que le château, se trouvent desservis par la station du Petit-Chambord.

Tramway à traction mécanique de Châtenay au Champ de Mars. — Un décret présidentiel du 30 mars 1899 a déclaré d'utilité publique l'établissement d'une ligne de tramways à traction mécanique, destinée au transport des voyageurs, de leurs bagages et éventuellement des messageries, entre Châtenay et Paris (Champ de Mars).

Une convention était intervenue le 29 mars de la même année entre l'État, représenté par le ministre des travaux publics, et deux particuliers ; il a été décidé que la ligne serait à traction mécanique, mais que les conducteurs électriques aériens ne seraient admis qu'à l'intérieur de Paris ; le matériel sera de provenance française. Le nombre minimum de voyages dans chaque sens est fixé à 60 ; les trains ne se composeront que de 2 voitures et leur longueur n'excédera pas 25 mètres. La vitesse des trains en marche sera au plus de 16 kilomètres à l'heure dans les traverses et de 20 kilomètres hors traverse. Les trains ne prendront de voyageurs qu'à certains points déterminés. L'intérieur des voitures sera chauffé et l'impériale couverte ; l'intérieur et l'extérieur seront éclairés.

Le prix des places est fixé à :

	1re CLASSE	2e CLASSE
Du Champ de Mars à Sceaux (angle des rues Houdan et de Fontenay)......................	0 fr. 60	0 fr. 35
Du Champ de Mars à Sceaux (carrefour de la rue Houdan et de la rue de Châtenay).....	0 fr. 70	0 fr. 40
Entre la rue de Fontenay et la rue de Châtenay......................................	0 fr. 10	0 fr. 05

Eaux. — Sceaux est alimenté en eau par la Compagnie générale des Eaux, dont le siège social est à Paris, rue d'Anjou, n° 52, en vertu d'un traité du 3 novembre 1865, approuvé par arrêté préfectoral du 17 février 1866 et pour une durée de 50 années, prenant fin le 31 décembre 1915.

L'eau est fournie sur la voie publique au moyen de 10 bornes-fontaines et de 28 bouches d'eau.

Le tarif pour les particuliers est le suivant :

250 litres	par jour	55 francs	par an
500 —	—	100	—
750 —	— .	130	—
1.000 —	—	160	—
1.250 —	—	190	—
1.500 —	—	220	—

et au delà de cette quantité 90 francs le mètre cube.

Les services publics bénéficient d'une réduction de 50 % sur ce tarif.

Le concessionnaire doit, en outre, fournir gratuitement 500 litres d'eau par jour aux écoles.

En vertu de la convention du 20 janvier 1894, conclue entre M. le Préfet de la Seine, agissant au nom du département et pour le compte des communes de la Seine, et la Compagnie générale des Eaux, la commune est alimentée, depuis le 1er janvier 1896, en eau épurée et filtrée, moyennant le payement d'un centime supplémentaire par mètre cube; cette majoration du tarif s'applique aux services publics payants ou gratuits, ainsi qu'à la consommation privée.

La somme payée pour l'année 1897 a été de 7.000 francs.

Le 5 mai 1799, une Société du Jardin et des Eaux de Sceaux, acheta de M. Lecomte, acquéreur du château et du parc, pour une somme de 9.000 francs, le terrain de la Ménagerie, appelé actuellement le Parc de Sceaux, avec, en plus, la charge d'entretien de la canalisation des eaux, provenant des trois cours d'eau amenés à Sceaux.

La Société doit alimenter gratuitement les fontaines de l'église et de la rue Voltaire, édifiées par Colbert, avec les eaux d'Aulnay ou des Vaux-Robert, ainsi que l'infirmerie.

La Société alimente aussi un assez grand nombre de propriétés privées, en vertu d'anciennes concessions, mais elle n'en peut plus faire de nouvelles.

Les eaux, après avoir parcouru Sceaux, se déversent dans les bassins du parc de Mme la marquise de Trévise, aux termes de l'acte de vente entre Lecomte et la Société.

La commune possède, en outre, impasse du Lavoir, dans la rue Voltaire, un abreuvoir construit en 1831, et un lavoir public datant de 1826.

Éclairage. — Par un traité annexe du 1er avril 1896, approuvé le 21 septembre suivant et modifiant un premier contrat du 4 mai 1867, approuvé le 23 août suivant, la commune a conclu avec la Compagnie parisienne d'éclairage et de chauffage par le gaz, dont le siège social est à Paris, 6, rue Condorcet, sur les bases suivantes :

Le prix du gaz est fixé, jusqu'à l'expiration de la concession (31 décembre 1905), à 35 centimes le mètre cube pour les particuliers et 17 c. 1/2 pour la commune.

Le nombre des appareils d'éclairage sur la voie publique est de 94, dont 48 becs brûlant toute la nuit.

§ IV. — JUSTICE ET POLICE

Justice de paix. — Sceaux est le siège d'une justice de paix, installée dans les bâtiments de l'ancienne mairie, construite, rue Houdan, en face de l'église, en 1843, sur les plans de M. Naissant, architecte, pour une somme de 70.000 francs.

Les audiences de conciliation ont lieu le vendredi matin, et les audiences de simple police le vendredi soir.

Le greffier de la justice de paix remplit les fonctions de commissaire-priseur.

Offices ministériels. — Il y a dans la commune une étude de notaire dont les archives remontent à 1690.

Commissariat et agents de police. — La création d'un commissariat remonte à 1855 ; le personnel se compose d'un commissaire, d'un secrétaire, d'un brigadier et de 17 agents qui font des tournées dans la commune et dans les communes voisines.

Gendarmerie. — La caserne de gendarmerie est située rue de la Gendarmerie ; elle se compose d'un corps de bâtiment à deux étages ayant huit fenêtres de façade avec d'importantes dépendances ; elle a été bâtie, en 1870, sur un terrain d'une superficie de 1.500 mètres, détaché de la propriété de M. Bertron.

L'effectif, pour la ville de Sceaux, est de 10 hommes : 5 montés, commandés par un maréchal des logis, et 5 à pied, commandés par un brigadier.

Le capitaine, commandant d'arrondissement, réside à Sceaux ; il a sous ses ordres les brigades de La Belle-Épine, Bourg-la-Reine, Châtenay, Choisy-le-Roi, Créteil, Petit-Bicêtre, Villejuif et Vitry.

§ V. — CULTES

Paroisse. — La paroisse de Sceaux constitue une cure, dont le titulaire reçoit un traitement de 900 francs par an.

Le curé est assisté d'un vicaire.

Budget. — Les recettes du budget de la fabrique s'élèvent à 11.000 francs par an environ.

Fondations. — Les fondations faites à la fabrique de Sceaux sont les suivantes :

500 francs de rente pour des messes. — L'abbé Cauvin Jacques-Jean-Baptiste. — Testament du 8 décembre 1874. — Décret du 24 août 1897.

50 francs de rente pour des messes. — MM. Baleste d'Astier d'Ussel Eugène-Hippolyte et Bourgois Louis-Marie. — Acte notarié du 12 avril 1876. — Décret du 10 décembre 1877.

50 francs de rente. — M. de La Rochefoucauld, duc de Bisaccia, Marie-Charles-Gabriel-Sosthène. — Acte notarié du

7 décembre 1877 ; décret du 13 juin 1878 pour reconstituer une donation de 500 francs de rente, réduite par conversion de rente à 450 francs, faite en 1827 à la fabrique par Mme de La Rochefoucauld-Doudeauville. — Acte notarié du 16 mai 1827, autorisé par ordonnance du 1er août 1827.

10 francs de rente pour des messes. — M. Courcier Paul-Auguste-Marie. — Acte sous seing privé du 10 avril 1882. — Décret du 15 janvier 1883.

60 francs de rente pour 12 messes. — M. l'abbé Paul-Auguste-Drack. — Convention sous seings privés du 2 janvier 1885. — Décret du 19 octobre 1885.

60 francs de rente pour 12 messes. — M. Cormaille-Valbray Louis-Charles-Émile. — Convention sous seings privés du 5 avril 1885. — Décret du 23 octobre 1885.

20 francs de rente pour 4 messes. — Mlle Louise-Julienne Huillery. — Convention sous seings privés du 9 janvier 1886. — Décret du 24 mars 1887.

30 francs pour 6 messes. — M. Nicolas-Auguste-Julien Saunier. — Convention sous seings privés du 11 février 1886. Décret du 24 mars 1887.

30 francs pour 6 messes. — M. Étienne Saunier. — Convention sous seings privés du 16 octobre 1887. — Décret du 16 juin 1888.

Congrégations. — Trois frères des Écoles chrétiennes dirigent une école de garçons.

Les sœurs de Saint-André, dites Filles de la Croix, au nombre de quinze, tiennent une école primaire et une salle d'asile.

§ VI. — SERVICES DIVERS

Poste, télégraphe, téléphone. — Le bureau de poste a été créé en 1822 ; le télégraphe a été installé en 1861, le téléphone en 1893. Le bureau est installé rue de Penthièvre, n° 1 ; il est ouvert au public de 7 heures du matin (8 heures en hiver) à 9 heures du soir.

Le service est fait par huit employés dont une receveuse et sept facteurs.

Il est fait, sauf le dimanche, quatre distributions par jour.

En outre de la boîte aux lettres qui se trouve au bureau

de poste, il y a dans la commune dix autres boîtes placées : rue Houdan, nos 7, 68 et 69 ; rue des Sablons, 2 ; rue de Fontenay, rue Voltaire, 23 ; rue du Lycée, 8 ; rue des Imbergères et aux gares de Sceaux-Ville et de Sceaux-Robinson.

Caisse nationale d'épargne (postale). — 1.250 livrets ont été délivrés, pendant la dernière année, pour une somme de 123.483 fr. 32.

Sapeurs-pompiers. — La subdivision des sapeurs-pompiers de Sceaux, créée en 1816, se compose de trente hommes commandés par un sous-lieutenant.

La commune a voté en 1897 :

Solde des tambours et clairons	100 »
Assurance ou secours et pensions en faveur des sapeurs-pompiers blessés, de leurs veuves ou de leurs enfants	119,70
Habillement et équipement	186,10
Frais de déplacement, indemnités ou gratifications.	680 »
Entretien des pompes et accessoires	125 »
Subvention à la caisse des secours des sapeurs-pompiers	100 »

Le matériel de secours, composé de deux pompes et d'un dévidoir, est remisé dans l'aile droite de la mairie.

Marché. — La ville a fait construire à ses frais un marché couvert, situé à côté de la justice de paix et en face de l'église.

Il est affermé pour une période de cinq années, prenant fin le 1er juillet 1900 et moyennant une redevance de 4.365 francs.

La superficie est de 860 mètres carrés.

Le tarif est le suivant :

1 place	0 25	par mètre carré.
1 table	0 20	—
1 chaise ou tréteau	0 05	—
1 planche	0 10	—
1 billot	0 05	—
1 poteau	0 05	—
1 barre	0 10	—
1 voiture, attelée ou non, en stationnement	0 10	—

Le marché se tient les mercredis et samedis, de 8 heures à 3 heures.

Pompes funèbres. — La commune n'a traité avec aucune compagnie; c'est à la fabrique qu'il faut s'adresser.

Les classes sont au nombre de 8.

Bureaux de tabac. — Deux bureaux de tabac existent dans la commune, tous deux rue Houdan.

Bibliothèque municipale publique. — La bibliothèque municipale publique de prêts gratuits à domicile a été inaugurée le 31 octobre 1858.

Elle se compose de 2.500 volumes; les lecteurs ont été au nombre de 369.

Elle est ouverte au public le jeudi matin, de 8 heures à 10 heures.

Archives de la commune. — Les archives de la commune se composent:

Des registres paroissiaux, de 1609 à 1789, avec des lacunes pour les années 1615 à 1617, constatées déjà en 1663, et pour les années 1652 à et 1653, « perdues, dit une mention du temps, dans la guerre de Paris »;

Des registres de l'état civil depuis la Révolution;

Des registres de délibérations depuis la même époque;

De différents dossiers, tous modernes.

Tous les registres sont reliés et en bon état.

§ VII. — PERSONNEL COMMUNAL

NOMBRE	EMPLOI	TRAITEMENT
1	Médecin de l'état civil.	250 francs
1	Médecin du Bureau de bienfaisance	500 —
1	Secrétaire de la mairie (logé)................	3.000 —
1	Employé...	1.500 —
1	Concierge-appariteur (logé)...................	1.200 —
1	Receveur municipal (emploi occupé par le percepteur de Sceaux)......................	1.974 —
1	Architecte	5 p. °/₀ sur les mémoires réglés
1	Agent voyer.........	300 francs
3	Cantonniers	3.600 —
3	Receveurs de l'octroi............	4.700 —
1	Garde champêtre..........	1.400 —
1	Gardien du cimetière (logé)......	200 —
1	Concierge de la justice de paix.................	200 —
1	Femme de service (école de garçons).......	700 —
1	— (— filles).........	
1	— (— maternelle)..................	

III. — RENSEIGNEMENTS DIVERS

Fêtes locales et foires. — La fête communale a lieu à la saint Jean-Baptiste, le 24 juin, et dure trois dimanches; elle se tient dans le Parc.

Les Félibres tiennent leurs assises à Sceaux depuis un certain nombre d'années; la réunion où l'on couronne le buste de Florian et où l'on récite des pièces de vers en son honneur, coïncide avec l'un des dimanches de la fête.

L'ancien marché de Sceaux, foire aux bestiaux très importante créée par Colbert, a cessé d'exister en 1867.

Principales industries. — L'imprimerie de Sceaux, qui date de 1831, et dirigée depuis 1872, par MM. Charaire, occupe plus de 300 ouvriers, qui ont fondé une Société de secours mutuels.

La carrosserie Boulogne, fondée en 1768, occupe 50 ouvriers.

Commerce et productions du pays. — Les pépinières et les fraises sont les productions les plus importantes du pays.

Le tableau de la page 85 donne un aperçu des principaux genres de culture.

Rendement moyen par hectare ensemencé :

Froment	27	hectolitres
Avoine	53	—
Pommes de terre	150	quintaux
Betteraves	500	—
Vignes	»	hectolitres

Écoles libres. — Les frères de la Doctrine chrétienne dirigent une école libre comprenant 113 garçons; les sœurs de Saint-André, qui ont 277 élèves et un pensionnat laïque, se chargent de l'instruction des filles.

TERRITOIRE			CULTURES LABOURABLES					CULTURES FOURRAGÈRES				CULTURES industrielles	ARBORICULTURE	HORTICULTURE		SYLVICULTURE	SUPERFICIE NON CULTIVÉE
Superficie totale	Agricole	Non agricole	Froment	Seigle	Avoine	Pommes de terre	Diverses	Betteraves	Diverses	Luzerne	Foin	Pommes de terre pour féculeries		de rapport	de plaisance		
hec.	hec.	hec.	hec.	hec.	hec.	hec.	hec.	hec.	hec.	hec.	hec.	hec.	hec.	hec.	hec.	hec.	hec
326	261	65	35	1	19	8	8	4	1	4	32	2	37[1]	7	71	32	»
			71					41				2	37	78		32	»
			261 hectares														

Lycée Lakanal. — Le lycée Lakanal a été construit, aux frais de l'État, de 1882 à 1885; la pose de la première pierre a eu lieu le 5 septembre 1882 par M. Duvaux, ministre de l'instruction publique, et il a été ouvert, sans inauguration officielle, pour la rentrée d'octobre 1885.

L'emplacement choisi a été au lieu dit les Plants Pommiers; le terrain, d'une contenance de 98.981 mètres, forme une équerre bordée par la rue Houdan, l'impasse de la Ferme et l'avenue de Sceaux, conduisant au château; il a été acquis, de M. le comte de Trévise, au prix de 2 fr. 50 le mètre. Les constructions couvrent 12.307 m. 60; les cours occupent 25.092 m. 18 et le parc, proprement dit, très bien dessiné et très boisé, se compose de 61.579 m. 22.

L'ensemble est imposant par sa masse, malgré l'adoption d'un style peu défini qui pourrait s'appliquer aussi bien à un hospice, à une gare, à une prison; mais le confortable de l'intérieur et la perfection des aménagements, au point de vue de la salubrité et de l'agrément, rachètent la lourdeur et le peu d'élégance de l'extérieur. Construit pour recevoir 900 élèves, le lycée n'en possède actuellement que 220.

1. Dont 25 hectares de pépinières.

Le Parc de Sceaux. — Dépendant de l'ancien parc, bien qu'il en fût séparé par la rue Houdan, il portait autrefois le nom de « la Ménagerie ».

Acquis en 1798 (voir Eaux, p. 78), il sert de lieu de divertissement et de promenade publique; c'est là que se tenaient les bals de Sceaux si célèbres dans la première moitié de ce siècle et dont le nom a fourni le titre d'une nouvelle de Balzac.

Château, propriétés. — Le château de Sceaux, bâti sur les ordres du duc de Trévise, fils du maréchal Mortier, sur les plans de MM. Quantinet et Lesoufaché, architectes, occupe l'emplacement du château de la duchesse du Maine; mais le style est de l'époque Louis XIII; la brique y est enchâssée dans la pierre d'Euville. Le parc est très vaste et les pièces d'eau y ont été recreusées; on peut y revoir l'octogone et le grand canal.

Parmi les propriétés importantes, on peut citer celle du docteur Beni-Barde, dite maison Vandermarcq, qui a appartenu à Mlle Mars; la propriété Bertron, d'où partirent les singulières proclamations du « candidat humain »; ce vaste terrain a été très morcelé: la mairie actuelle, la gendarmerie et un grand nombre de villas ont été créées sur son sol; la maison de santé Reddon, et le petit château qui dépend du grand, mais qui est loué à des particuliers.

Établissements privés de bienfaisance. — Le 8 décembre 1895 a été inaugurée la « Fondation Sainte-Marguerite », destinée à servir de maison de retraite pour les vieillards indigents des des deux sexes de la ville de Sceaux, et à recevoir des malades. Cette maison a été fondée par M. Renaudin, notaire à Sceaux, en mémoire de sa femme, née Marguerite Piatier, morte à Sceaux le 18 juillet 1893.

Mme Renaudin, de son vivant, avait eu l'idée de cette création; son mari l'a réalisée en mémoire d'elle et a doté ainsi la ville de Sceaux d'une institution charitable qui lui manquait.

Sociétés diverses.— Une société de gymnastique, « la Patriote », se compose de 30 membres qui payent une cotisation mensuelle de 1 franc; une fanfare compte 45 membres payant 1 franc par mois; un orphéon, dit « l'Union musicale », se compose de

25 membres ; la cotisation est de 1 franc par mois ; une société de cor, dite de « Saint-Hubert », comprend 12 membres.

Médecins. — Deux médecins.

Pharmaciens. — Deux pharmaciens.

Vétérinaires. — A Bourg-la-Reine.

Sages-femmes. — Deux sages-femmes.

ANNEXES

CONSEIL MUNICIPAL (1898)

(Effectif légal : 21 membres)

MM. CHARAIRE, Michel, maire.

REDDON, Alcide-Anatole-Henry, adjoint.

BERTRAND, Jean-Baptiste, adjoint.

SINET, Léon-Joseph, conseiller.

AULARD, Paul-Vulfrand, conseiller.

SAUNIER, Étienne, conseiller.

MATHON, André-Eugène, conseiller.

COURTOIS, Charles-Paul, conseiller.

MOUSNIER, Ferdinand-Jules, conseiller.

AVIAT, Jules-Charles, conseiller.

MM. FAGUET, Marie-Pierre-Édouard, conseiller.

MICHAUT, Louis-Michel, conseiller.

GUILLIOUX, Louis-Anatole, conseiller.

HALLÉ, Charles, conseiller.

COULAUX, Augustin-Marie, conseiller.

BERNARD, Charles-Auguste, conseiller.

LAURIN, Louis-Emmanuel, conseiller.

CHATEAU, Sylvain, conseiller.

N.. .. conseiller.

N.. .. conseiller.

N. .. conseiller.

TARIF DES CONCESSIONS

DANS

LE CIMETIÈRE

(Délibération du 12 mai 1891, approuvée le 17 juin suivant.)

Des concessions perpétuelles, trentenaires ou temporaires de quinze ans, sont délivrées aux prix fixés par le tarif suivant:

CONCESSIONS PERPÉTUELLES

2 mètres	300	francs
3 mètres	600	—
4 mètres	1.200	—
5 mètres	1.500	—
Et au delà, le mètre	600	—

CONCESSIONS TEMPORAIRES DE TRENTE ANS

2 mètres	180	francs

CONCESSIONS TEMPORAIRES DE QUINZE ANS

2 mètres	150	francs

DROITS DE SÉJOUR DANS LE CAVEAU PROVISOIRE

(Délibération du 3 juin 1855.)

5 jours	5	francs
De 5 à 15 jours	10	—
De 15 à 30 jours	20	—
De 30 à 60 jours	45	—
Chaque jour en plus	1	—

TARIF DES DROITS DE VOIRIE

(Délibération du 26 juin 1886, approuvée le 30 décembre suivant.)

---

§ I. — CONSTRUCTIONS NEUVES

1° Alignement de bâtiment en maçonnerie ou pan de bois, par mètre linéaire de façade:

Rez-de-chaussée	2 fr. 50
1er étage	2 fr. »
2e —	1 fr. 50
3e —	1 fr. »
4e — et au-dessus	0 fr. 50

L'exhaussement de bâtiment sera soumis aux mêmes droits ci-dessus.

2° Alignement de mur de clôture, par mètre linéaire de façade	1 fr. »
3° Alignement d'une clôture en planches, treillage ou grillage, par mètre linéaire de façade	0 fr. 25
4° Alignement de grille en fer sur mur, treillage ou grillage, par mètre linéaire de façade	0 fr. 50
5° Alignement de mur en bois sur grille, treillage ou grillage, par mètre linéaire de façade	0 fr. 25

6° Construction de bâtiments sur mur de clôture: mêmes droits que pour les constructions neuves, déduction faite du droit déjà appliqué au mur de clôture même.

NOTA. — Dans les constructions neuves, les ouvertures de portes et croisées seront perçues comme au § 4.

§ II. — CONSTRUCTIONS EN SAILLIE

Saillies fixes

7° Grand balcon, ayant plus de 2 mètres de long et 0 m. 22 de saillie, par mètre de longueur. . .	8 fr. »

8° Petit balcon, droit fixe. . . . . 1 fr. 50
9° Colonne ou pilastre en pierre, bois ou fer, droit fixe . . . . 4 fr. »
10° Seuil en pierre, bois ou fer, par mètre de longueur. . . . . 1 fr. »
11° Devanture de boutique, par mètre de longueur. 2 fr. »
12° Borne isolée ou engagée, droit fixe. . . . . 1 fr. »
13° Banc sur la face des maisons, droit fixe . . . 3 fr. »

Saillies mobiles

14° Auvent, store ou banne, par mètre linéaire. . 1 fr. »
15° Auvent de porte, dite marquise, par mètre linéaire 5 fr. »
16° Contrevents, volets, persiennes, grilles ou barreaux en saillie, pour chacun des objets, droit fixe. 1 fr. »
17° Volets non brisés excédant 0 m. 80 de largeur, chaque volet, droit fixe. . . . . 4 fr. »
18° Tableau, enseigne, lanterne, droit fixe. . . . . 5 fr. »

NOTA. — Le rétablissement des objets compris dans le § 2 ne donnera lieu qu'à la perception d'un demi-droit.

§ III. — RECONSTRUCTION PARTIELLE DE MUR

19° Reconstruction partielle de mur, au rez-de-chaussée, par mètre de longueur . . . . 1 fr. 75
20° Reconstruction partielle de mur, au-dessus du rez-de-chaussée et par étage: le droit en sera fixé ainsi : 2/3 des prix prévus aux 4 derniers articles du n° 1.
21° Chaperon de mur refait entièrement ou en partie, par mètre de longueur . . . . 0 fr. 25
22° Réparation partielle de mur de clôture . . . . 0 fr. 50

§ IV. — OUVERTURES

23° Ouverture d'une croisée, en bâtiment neuf ou vieux, droit fixe . . . . 3 fr. »
24° Ouverture d'une porte bâtarde, en bâtiment neuf ou vieux droit fixe. . . . . 4 fr. »
25° Ouverture d'une porte, d'une grille, cochères ou charretières, droit fixe. . . . . 6 fr. »

26° Ouverture d'une baie de boutique (indépendamment du droit adhérent à la devanture) par mètre linéaire.	2 fr. »

§ V. — RAVALEMENT PARTIEL OU GÉNÉRAL

27° Ravalement partiel ou général de la façade d'une maison, par mètre linéaire et par étage	0 fr. 25
28° Ravalement partiel ou général d'un mur de clôture, par mètre linéaire.	0 fr. 15
29° Revêtissement de dalles pour soubassement, par mètre linéaire.	0 fr. 70
30° Soubassement enduit ou rocaille en ciment, par mètre linéaire.	0 fr. 30
31° Étai, chevalement, contre-fiches, droit fixe. .	3 fr. »

§ VI. — DROITS DIVERS

32° Barrière obligatoire devant les travaux, par mètre et par mois	0 fr. 40
33° Dépôt de matériaux sur la voie publique, par mètre superficiel et par mois	0 fr. 40
34° Tuyaux de descente des eaux ménagères, droit fixe.	1 fr. »
35° Pissotière ou cuvette, droit fixe.	2 fr. »
36° Tuyaux d'évier avec descente, droit fixe . . .	1 fr. »
37° Établissement de scieur de long ou autres travailleurs autorisés sur la voie publique, par jour . .	0 fr. 30

TARIF DE L'OCTROI

(Établi par délibération du Conseil municipal de Sceaux, du 27 février 1894, visée sans opposition le 30 avril 1894.)

OBJETS ASSUJETTIS AUX DROITS	MESURES et POIDS	DROITS A PERCEVOIR		
		TAXES PRINCIPALES	TAXES SPÉCIALES	TOTAL
Boissons et liquides				
Vins en cercles et en bouteilles (1)	l'hectol.	0 50	0 38	0 88
Cidres, poirés et hydromels (1)	id.	0 50	» »	0 50
Alcool pur contenu dans les eaux-de-vie, absinthes, esprits, liqueurs et fruits à l'eau-de-vie en cercles et en bouteilles (2)	id.	4 »	2 »	6 »
Alcool pur contenu dans les alcools dénaturés (3)	id.	6 »	» »	6 »
Bières	id.	3 »	1 »	4 »
Vinaigres de toute espèce et conserves au vinaigre	id.	1 »	0 50	1 50
Comestibles				
Bœufs, vaches, taureaux, génisses (4)	par tête	6 »	2 »	8 »
Moutons et brebis	id.	0 70	0 30	1 »
Chèvres	id.	0 35	» »	0 35

(1) Pour la perception, la bouteille commune est considérée comme litre, et la demi-bouteille comme demi-litre, en ce qui concerne les vins, *cidres, poirés et hydromels.* (Art. 145 de la loi du 23 avril 1816.)

Indépendamment des droits auxquels ils sont soumis comme vins, les vins présentant une force alcoolique supérieure à 15 degrés sont passibles du double droit de consommation, d'entrée et d'octroi pour la quantité d'alcool comprise entre 15 et 21 degrés. (Art. 3 de la loi du 1er septembre 1871.) Néanmoins les vins qui seront marqués au départ, chez le récoltant expéditeur, comme présentant naturellement une force alcoolique supérieure à 15 degrés, sans dépasser 18 degrés, sont affranchis de ce double droit. (Art. 3 de la loi du 2 août 1872.) Les vins présentant une force alcoolique supérieure à 21 degrés sont imposés comme alcool pur. (Art. 3, loi du 1er septembre 1871.)

Les vendanges et les fruits à cidre ou à poiré seront soumis aux droits, à raison de 3 hectolitres de vendange pour 2 hectolitres de vin, et de 5 hectolitres de pommes ou poires pour 2 hectolitres de cidre ou de poiré.

Les fruits secs destinés à la fabrication du cidre ou du poiré seront imposés à raison de vingt-cinq kilogrammes de *fruits pour un hectolitre* de cidre ou de poiré.

(2) Nonobstant les dispositions de l'article 115 de la loi du 28 avril 1816, les eaux-de-vie, esprits et liqueurs, expédiés en bouteilles, seront imposés d'après la capacité des bouteilles. (Art. 9 de la loi du 27 juillet 1870.)

(3) Les eaux-de-vie ou esprits altérés par un mélange autre que l'un de ceux déterminés par le Comité des Arts et Manufactures, sont soumis au même droit que les eaux-de-vie ou esprits purs.

(4) Les bestiaux introduits par moitié ou par quart payeront dans la proportion du droit par tête ; au-dessous, ils payeront au poids comme viande dépecée.

OBJETS ASSUJETTIS AUX DROITS	MESURES et POIDS	DROITS A PERCEVOIR		
		TAXES PRINCIPALES	TAXES SPÉCIALES	TOTAL
Comestibles (*suite*)				
Agneaux et chevreaux	par tête	0 50	» »	0 50
Veaux	id.	2 »	0 55	2 55
Porcs	id.	1 95	0 65	2 60
Viande fraîche dépecée de toute espèce, à l'exception de la viande de porcs et de chèvres	le kilo.	0 02	0 01	0 03
Viande fraîche dépecée de porcs	id.	0 02	» »	0 02
— — de chèvres	id.	0 01	» »	0 01
Charcuterie, graisses, lards, viandes salées et fumées	id.	0 05	» »	0 05
Abats et issues	id.	0 02	» »	0 02
Volailles de toute espèce, gibiers et lapins	id.	0 03	0 02	0 05
Huiles comestibles de toute espèce	l'hectolitre ou les 100 kilos	2 75	1 »	3 75
Combustibles				
Bois à brûler dur (1)	le stère	0 40	0 10	0 50
— tendre	id.	0 30	0 10	0 40
Falourdes, fagots et cotrets	le cent	1 »	» »	1 »
Charbon de bois et ses dérivés	l'hectol.	0 05	0 05	0 10
Charbon de terre, tourbe, anthracite, coke et tous les autres combustibles minéraux (2)	id.	0 05	0 05	0 10
Huiles à brûler animales ou végétales, à l'exception du dégras et de l'huile de poisson	les 100 kil.	2 75	1 »	3 75
Huiles minérales	les 100 kil. ou l'hectolitre	1 »	1 »	2 »
Chandelles et suifs (3)	les 100 kil.	5 »	» »	5 »
Bougies, cires et autres substances pouvant remplacer la cire	le kilo.	0 10	» »	0 10

(1) Pour la perception, sont considérés comme bois dur : le chêne, l'orme, le charme, le hêtre, le frêne, le châtaignier, le merisier, l'érable, le platane, le sycomore, l'alisier et le poirier. Les essences non dénommées ci-dessus sont imposées comme bois tendre.

Les bois ou planches de déchirage sont imposés comme bois à brûler tendre.

Les bois de démolitions et autres ayant servi acquittent les mêmes droits que les bois neufs, sans déduction des défectuosités qu'ils présentent. Lorsque ces bois seront reconnus ne pouvoir être employés comme bois de travail, ils seront imposés comme bois de chauffage, suivant leur nature.

(2) Le coke fabriqué à l'intérieur avec du charbon qui aura payé le droit sera affranchi de la taxe.

(2) Pour les suifs bruts ou en branches, les taxes devront être inférieures d'un cinquième à celles du suif fondu.

OBJETS ASSUJETTIS AUX DROITS	MESURES et POIDS	DROITS A PERCEVOIR — TAXES PRINCIPALES	TAXES SPÉCIALES	TOTAL
Matériaux				
Chaux et mortier de toute espèce (1)	l'hectol.	0 15	» »	0 15
Ciments de toute espèce.	les 100 kil.	0 40	» »	0 40
Plâtre.	l'hectol.	0 20	» »	0 20
Moellons, plâtras, pavés et meulières de toute dimension, travaillés ou non	le mèt. c.	0 25	» »	0 25
Pierres de taille dures.	id.	1 »	» »	1 »
— tendres.	id.	0 80	» »	0 80
Dalles et carreaux de pierre de toute espèce. . .	le m. sup.	0 15	» »	0 15
Ardoises pour toitures.	le mille	2 »	» »	2 »
Briques, tuiles, carreaux, tuyaux, poterie et terre glaise destinés à la construction des bâtiments. . .	id.	1 50	» »	1 50
Argile, sable et cailloux (2)	le mèt. c.	0 15	» »	0 15
Bois de charpente ou de menuiserie ouvré dur . .	id.	2 »	» »	2 »
— — — tendre.	id.	1 50	» »	1 50
Bois en grume dur	id.	1 50	» »	1 50
— tendre.	id.	1 20	» »	1 20
Bottes de lattes, treillages, échalas, bardeaux et perches de toute nature.	les 100 b.	1 50	» »	1 50
Verres à vitres.	les 100 kil.	1 »	» »	1 »
Vernis de toute espèce autres que ceux à l'alcool, blanc de céruse et de zinc et autres couleurs; essences de toute nature, goudrons liquides, résidus de gaz et autres liquides pouvant être employés comme essence	l'hectol.	2 »	» »	2 »

OBSERVATIONS GÉNÉRALES

Les quantités inférieures à celles qui sont déterminées au présent tarif seront imposées proportionnellement.

Les bois destinés à être employés comme combustibles ou comme matériaux de construction immobilière sont seuls assujettis aux droits. Les bois dont l'emploi ne sera pas nettement déterminé au moment de l'introduction, et qui seront déclarés à un usage autre que la construction des bâtiments, seront placés sous le régime de l'entrepôt, et il n'en sera accordé décharge qu'après justification de leur emploi.

(1) Les pierres à chaux ou à plâtre seront imposées à raison de la chaux ou du plâtre qu'elles contiennent.

(2) Le sable et les cailloux destinés à la confection et à la réparation des chemins publics sont affranchis de la taxe.

Conformément aux prescriptions de la loi du 29 décembre 1897, portant réduction obligatoire, à partir du 1er janvier 1900, des taxes d'octroi sur les boissons hygiéniques, la Commission nommée par le conseil municipal, dans sa séance du 21 novembre 1898, s'est réunie le 4 février courant. Elle propose au Conseil de voter, pour le remplacement de la réduction des taxes sur les boissons hygiéniques :

1° L'élévation du droit sur l'alcool de 6 à 15 francs l'hectolitre ;

2° Une taxe d'octroi de 1 franc par 100 kilos sur les fer, zinc, plomb, cuivre, fonte, tôle, acier de toutes espèces, destinés aux constructions immobilières, façonnés ou non, neufs ou vieux, en prenant pour base un emploi annuel de 60.000 kilos ;

3° L'élévation du droit sur les ciments de toute espèce de 0 fr. 40 à 0 fr. 45 les 100 kilos ;

4° Les huiles et essences minérales qui pouvaient indifféremment être déclarées à l'hectolitre ou aux 100 kilos seront à l'avenir imposées à l'hectolitre seulement. La densité du litre de cette nature de produits n'étant que de 800 grammes, il y a donc une différence d'un quart (1/4). Les 100 kilos devraient donner 125 litres à 2 francs, soit 2 fr. 50, au lieu de 2 francs.

La taxe spéciale sur les vins, actuellement de 0 fr. 38 par hectolitre, est ramenée à 0 fr. 20.

En conséquence, à partir du 1er janvier 1900 et sous réserve du décret à intervenir, le tarif de l'octroi revisé sera appliqué, pendant cinq années, dans les conditions suivantes :

TARIF DE L'OCTROI

Revisé, pour être annexé à la délibération du Conseil municipal en date du 17 février 1899.

OBJETS ASSUJETTIS AUX DROITS	MESURES et POIDS	DROITS A PERCEVOIR		
		TAXES PRINCIPALES	TAXES SPÉCIALES	TOTAL
Boissons et liquides				
Vins en cercles et en bouteilles (1)	l'hectol.	0 35	0 20	0 55
Cidres, poirés et hydromels (1)	id.	0 35	» »	0 35
Alcool pur contenu dans les eaux-de-vie, absinthes, esprits, liqueurs et fruits à l'eau-de-vie en cercles et en bouteilles (2)	id.	13 »	2 »	15 »
Vermout, vin de liqueur et d'imitation, d'une richesse alcoolique de 0 à 15 degrés. Demi-droit d'octroi pour leur force alcoolique totale	par hectol. d'alc. pur	7 50	» »	7 50
Vermout, vin de liqueur et d'imitation, d'une richesse alcoolique supérieure à 15 degrés	id.	15 »	» »	15 »
(Loi de finances du 13 avril 1898.)				
Alcool pur contenu dans les alcools dénaturés (3)	l'hectol.	0 60	» »	0 60
Bières	id.	3 »	1 »	4 »
Vinaigres de toute espèce et conserves au vinaigre (4)	id.	1 »	0 50	1 50
Huiles comestibles de toute espèce	les 100 kil.	2 75	1 »	3 75

(1) Pour la perception, la bouteille commune est considérée comme litre, et la demi-bouteille comme demi-litre, en ce qui concerne les vins, cidres, poirés et hydromels. (Art. 145 de la loi du 28 avril 1816.)

Les vendanges et les fruits à cidre ou à poiré seront soumis aux droits, à raison de 3 hectolitres de vendange pour 2 hectolitres de vin, et de 5 hectolitres de pommes ou poires pour 2 hectolitres de cidre ou de poiré.

Les fruits secs destinés à la fabrication du cidre ou du poiré seront imposés à raison de vingt-cinq kilogrammes de fruits pour un hectolitre de cidre ou de poiré.

Les raisins secs destinés à la fabrication du vin seront imposés à raison de 100 kilos pour 3 hectolitres de vin.

Les vermouts seront imposés pour un minimum de perception de 16° ; et les vins de liqueur ou d'imitation pour un minimum de 15°.

Les vins autres que ceux désignés sous le nom de vermout, vins de liqueur ou d'imitation qui présentent une force alcoolique supérieure à 15° sont imposables comme vins, et passibles, en outre, du double droit d'octroi pour la quantité d'alcool comprise entre 15° et 21° ; s'ils titrent plus de 21°, ces vins sont imposés comme alcool pur. (Art. 3, loi du 1er septembre 1871.)

(2) Nonobstant les dispositions de l'article 145 de la loi du 28 avril 1816, les eaux-de-vie, esprits et liqueurs, expédiés en bouteilles, seront imposés d'après la capacité des bouteilles. (Art. 9 de la loi du 27 juillet 1870.)

(3) Les eaux-de-vie ou esprits altérés par un mélange autre que l'un de ceux déterminés par le Comité des Arts et Manufactures, sont soumis au même droit que les eaux-de-vie ou esprits purs.

(4) Les fruits et conserves au vinaigre sont imposés pour leur volume total.

OBJETS ASSUJETTIS AUX DROITS	MESURES et POIDS	DROITS A PERCEVOIR		
		TAXES PRINCIPALES	TAXES SPÉCIALES	TOTAL
Comestibles				
Bœufs, vaches, taureaux, génisses (1)	par tête	6 »	2 »	8 »
Moutons et brebis	id.	0 70	0 30	1 »
Chèvres	id.	0 35	» »	0 35
Agneaux et chevreaux	id.	0 50	» »	0 50
Veaux	id.	2 »	0 55	2 55
Porcs	id.	1 95	0 65	2 60
Viande fraîche dépecée, de toute espèce, à l'exception de la viande de porcs et de chèvres	le kilo.	0 02	0 01	0 03
Viande fraîche dépecée de porcs	id.	0 02	» »	0 02
— — de chèvres	id.	0 01	» »	0 01
Charcuterie, graisses, lards, viandes salées et fumées	id.	0 05	» »	0 05
Abats et issues	id.	0 02	» »	0 02
Volailles de toute espèce, gibiers et lapins	id.	0 03	0 02	0 05
Combustibles				
Bois à brûler dur (2)	le stère	0 40	0 10	0 50
— tendre et falourdes	id.	0 30	0 10	0 40
Fagots et cotrets	le cent	1 »	» »	1 »
Charbon de bois et ses dérivés	l'hectol.	0 05	0 05	0 10
Charbon de terre, tourbe, anthracite, coke, lignite, et tous les autres combustibles minéraux (3)	id.	0 05	0 05	0 10
Huiles à brûler, animales ou végétales, à l'exception du dégras et de l'huile de poisson	les 100 kil.	2 75	1 »	3 75

(1) Les bestiaux introduits par moitié ou par quart payeront dans la proportion du droit par tête ; au-dessous, ils payeront au poids comme viande dépecée.

(2) Pour la perception, sont considérés comme bois dur : le chêne, l'orme, le charme, le hêtre, le frêne, le châtaignier, le merisier, l'érable, le platane, le sycomore, l'alisier et le poirier. Les essences non dénommées ci-dessus sont imposées comme bois tendre.

Les bois ou planches de déchirage sont imposés comme bois à brûler tendre.

Les bois de démolitions et autres ayant servi acquittent les mêmes droits que les bois neufs, sans déduction des défectuosités qu'ils présentent. Lorsque ces bois seront reconnus ne pouvoir être employés comme bois de travail, ils seront imposés comme bois de chauffage, suivant leur nature.

(3) Le coke fabriqué à l'intérieur avec du charbon qui aura payé le droit sera affranchi de la taxe.

OBJETS ASSUJETTIS AUX DROITS	MESURES et POIDS	DROITS A PERCEVOIR TAXES PRINCIPALES	TAXES SPÉCIALES	TOTAL
Combustibles (*suite*)				
Huiles et essences minérales de toute provenance (1)	l'hectol.	1 »	1 »	2 »
Chandelles et suifs (2).	les 100 kil.	5 »	» »	5 »
Bougies, cires et autres substances pouvant remplacer la cire	le kilo.	0 10	» »	0 10
Matériaux				
Chaux et mortier de toute espèce (3)	l'hectol.	0 15	» »	0 15
Ciments de toute espèce.	les 100 kil.	0 45	» »	0 45
Plâtre.	l'hectol.	0 20	» »	0 20
Moellons, plâtras, pavés et meulières de toute dimension, travaillés ou non, et caillasse	le mèt. c.	0 25	» »	0 25
Pierres de taille dures (4).	id.	1 »	» »	1 »
— tendres.	Id.	0 80	» »	0 80
Dalles et carreaux de pierre et de ciment de toute espèce (5)	le mèt. s.	0 15	» »	0 15
Ardoises pour toitures.	le mille	2 »	» »	2 »
Tuiles, briques, carreaux, destinés aux constructions immobilières.	id	1 50	» »	1 50
Tuyaux, poteries, mitres en grès ou en terre destinés aux constructions immobilières.	les 100 kil.	0 10	» »	0 10
Argile, sable et cailloux, gravois, terre glaise (6)	le mèt. c.	0 15	» »	0 15
Bois de charpente ou de menuiserie ouvré dur (7)	id.	2 »	» »	2 »
— — — tendre.	id.	1 50	» »	1 50

(1) Pour la perception, 100 kilos d'huile minérale font 125 litres.

(2) Pour les suifs bruts ou en branches, les taxes devront être inférieures d'un cinquième à celles du suif fondu.

(3) Les pierres à chaux ou à plâtre seront imposées à raison de la chaux ou plâtre qu'elles contiennent.

(4) Les bordures de trottoirs sont considérées comme pierre de taille dure.

Les pierres factices sont imposées comme pierres naturelles.

(5) Les carreaux de ciment sont assimilés pour la perception aux carreaux de pierre.

(6) Le sable et les cailloux destinés à la confection et à la réparation des chemins publics sont affranchis de la taxe.

(7) Les bois de construction qui par leur forme offriraient des difficultés de mesurage seront imposés dans la proportion de 900 kilos pour 1 stère de bois dur et de 600 kilos pour 1 stère de bois tendre.

N. B. — Les bourrées provenant des arbres abattus dans le rayon de l'octroi seront affranchies de la taxe.

OBJETS ASSUJETTIS AUX DROITS	MESURES et POIDS	DROITS A PERCEVOIR TAXES PRINCIPALES	TAXES SPÉCIALES	TOTAL
Matériaux (*suite*)				
Bois en grume dur	le mèt. c.	1 50	» »	1 50
— tendre	id.	1 20	» »	1 20
Bottes de lattes, treillages, échalas, bardeaux et perches de toute nature	les 100 bottes	1 50	» »	1 50
Verres à vitres	les 100 kil.	1 »	» »	1 »
Vernis de toute espèce autres que ceux à l'alcool, blanc de céruse et de zinc et autres couleurs; essences de toute nature, goudrons liquides, résidus de gaz et autres liquides pouvant être employés comme essence	l'hectol.	2 »	» »	2 »
Fer, zinc, plomb, cuivre, fonte, tôle, acier de toute espèce destinés aux constructions immobilières, façonnés ou non, neufs ou vieux	les 100 kil.	1 »	» »	1 »

OBSERVATIONS GÉNÉRALES

Les quantités inférieures à celles qui sont déterminées au présent tarif seront imposées proportionnellement.

Les bois destinés à être employés comme combustibles ou comme matériaux de construction immobilière sont seuls assujettis aux droits. Les bois dont l'emploi ne sera pas nettement déterminé au moment de l'introduction et qui seront déclarés à un usage autre que la construction immobilière seront placés sous le régime de l'entrepôt, et il n'en sera accordé décharge qu'après justification de leur emploi.

TABLE

NOTICE HISTORIQUE 7

I. Faits historiques 8
II. Modifications territoriales et administratives........................ 31
III. Annales administratives. Liste des maires........................ 38
IV. Monuments et édifices publics. Bibliographie........................ 45

RENSEIGNEMENTS ADMINISTRATIFS

I. TOPOGRAPHIE, DÉMOGRAPHIE ET FINANCES

§ I. *Territoire et domaine*

A. Territoire	Nom........................	51
	Dénomination des habitants........................	51
	Armoiries........................	51
	Limites, quartiers, hameaux, écarts et lieux dits........................	52
	Superficie de la commune	53
	Arrondissement, canton........................	53
	Circonscription électorale législative........................	53
	Bureau de vote........................	53
	Circonscription de commissariat........................	53
	Orographie........................	53
	Hydrographie........................	53
B. Domaine	Mairie, date et prix de l'édifice, surface, services et logements	54
	Écoles	55
	Église, temple, synagogue	55
	Presbytère	57
	Cimetière	57
	Tombes militaires........................	57
	Crèche........................	58
	Marché........................	58

§ II. *Démographie*

A. Population	Population résidente, présente, par professions, par nationalités, etc. — Naissances, décès, mariages........................	59
B. Habitations	Habitations occupées ou non. — Classement suivant les étages ..	61
	Nombre de logements occupés ou non	61
	Ateliers, magasins et boutiques	61

C. Divers
- Électeurs inscrits........ 61
- Recrutement........ 61
- Recensement des chevaux et voitures........ 62

§ III. *Finances*

A. Contributions
- Principal des contributions........ 62
- Perception........ 62

B. Octroi........ 62

C. Finances communales
- Recettes ordinaires et extraordinaires........ 63
- Dépenses ordinaires et extraordinaires........ 63
- Emprunts et secours........ 63
- Valeur du centime. — Nombre de centimes grevant la commune et leur nature........ 64
- Charges par habitant........ 64
- Receveur municipal........ 64

II. — SERVICES PUBLICS

§ I. *Bienfaisance*

Bureau de bienfaisance........ 65
Hôpital........ 66
Traitement des malades dans les hôpitaux de Paris........ 66
Assistance à domicile........ 66
Aliénés, Enfants assistés et moralement abandonnés........ 66
Protection des enfants du 1er âge........ 67
Crèche........ 67
Secours aux familles des réservistes........ 67
Propagation de la vaccine........ 67
Caisse des écoles........ 68
Société de secours mutuels........ 68

§ II. *Enseignement*

Énumération par groupe scolaire du nombre de classes, d'élèves et de maîtres........ 69
Enseignement du chant, du dessin et de la gymnastique........ 69
Élèves admis dans les écoles primaires supérieures et professionnelles de Paris........ 69
Dons et legs faits aux écoles........ 69
Bibliothèque scolaire........ 70

§ III. *Voirie*

Routes nationales et départementales........ 70
Chemins vicinaux de grande communication........ 70
— vicinaux ordinaires........ 71
— ruraux........ 73
Voirie urbaine........ 73
Prestations........ 73
Entretien des rues et des chemins ruraux. — Balayage........ 74
Rus........ 74
Égouts........ 74
Distance de Paris, du chef-lieu de canton et des communes du canton........ 75
Moyens de transport........ 75
Eaux........ 77
Éclairage........ 78

§ IV. *Justice et Police*

Justice de Paix 78
Officiers ministériels 79
Commissariat de Police 79
Gendarmerie 76

§ V. *Cultes*

Paroisse 79
Fabrique.— Budget.— Fondations.— Congrégations 79

§ VI. *Services divers*

Poste. — Télégraphe. — Téléphone 80
Caisse d'épargne 81
Sapeurs-Pompiers 81
Marché 81
Pompes funèbres 82
Bureaux de tabac 82
Bibliothèque municipale. — Archives 82

§ VII. *Personnel communal*

Employés de mairie 83
Divers 83

III. — RENSEIGNEMENTS DIVERS

Fêtes locales et foires 84
Principales industries 84
Commerce et productions du pays 84
Écoles libres 84
Lycée Lakanal 85
Le Parc de Sceaux 86
Châteaux, propriétés 86
Établissements privés de bienfaisance, d'enseignement, etc 86
Sociétés diverses 86
Médecins, pharmaciens, vétérinaires, sages-femmes 87

ANNEXES

Conseil municipal 91
Tarif des concessions dans le cimetière et extrait du règlement 92
Tarif des droits de voirie 93
Tarif de l'octroi 96

COMPOSÉ, IMPRIMÉ ET BROCHE
PAR LES PUPILLES DU DÉPARTEMENT DE LA SEINE
ÉLÈVES DE L'ÉCOLE D'ALEMBERT
A MONTÉVRAIN

COMPARAISON

DE LA

POPULATION

ET DES

RECETTES ORDINAIRES

Relevées aux époques de Recensement

(1801 à 1896)

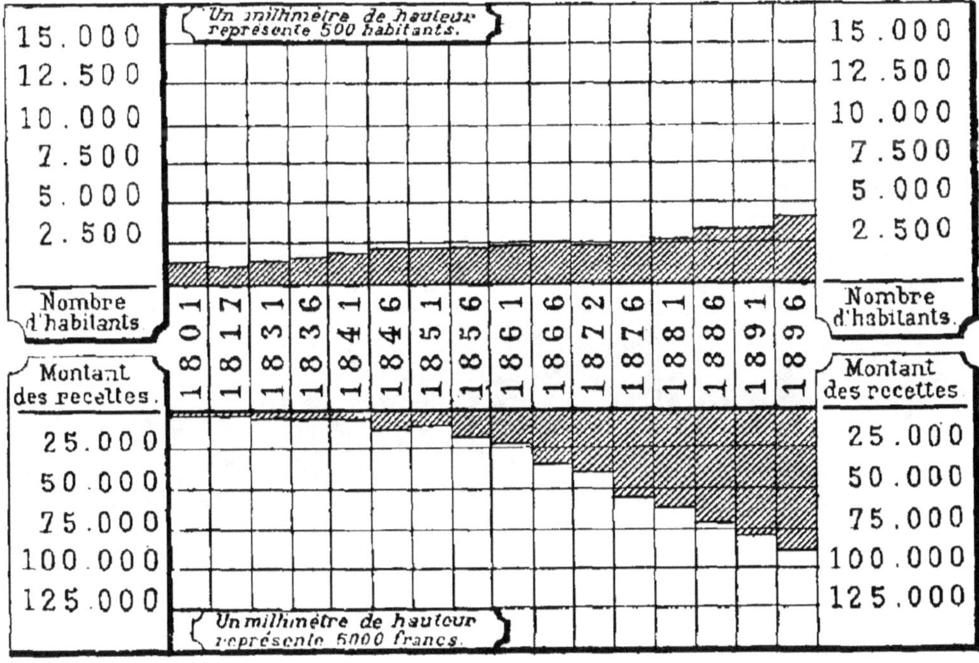

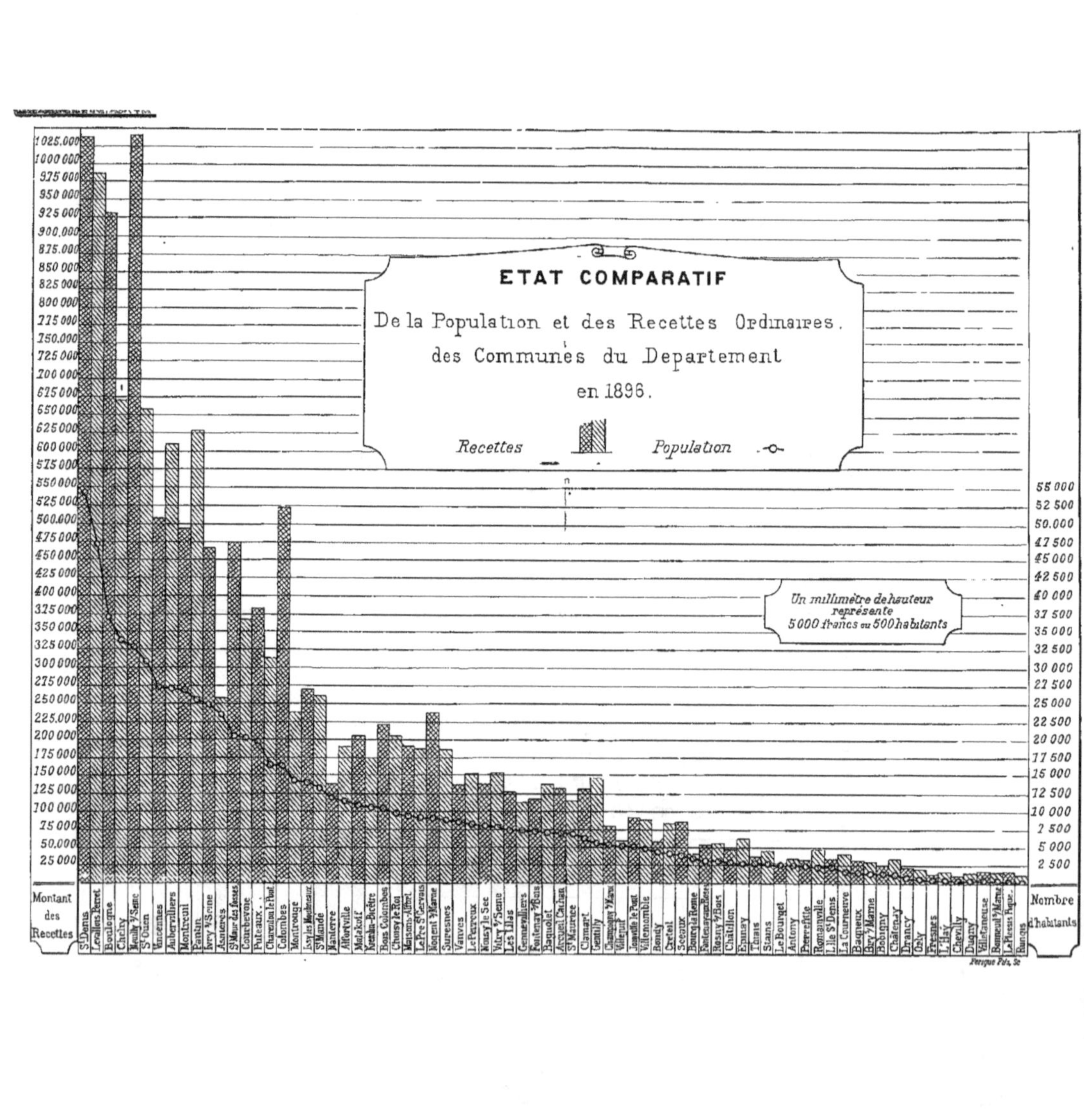

ETAT COMPARATIF
De la Population et des Recettes Ordinaires.
des Communes du Departement
en 1896.
Recettes
Population
Un millimètre de hauteur représente 5000 francs ou 500 habitants
Montant des Recettes
Nombre d'habitants
1 025.000
1 000 000
975 000
950 000
925 000
900.000
875.000
850 000
825 000
800 000
775 000
750.000
725 000
700 000
675 000
650 000
625 000
600 000
575 000
550 000
525 000
500.000
475 000
450 000
425 000
400 000
375 000
350 000
325 000
300 000
275 000
250 000
225.000
200 000
175 000
150 000
125 000
100 000
75 000
50.000
25 000
55 000
52 500
50.000
47 500
45 000
42 500
40 000
37 500
35 000
32 500
30 000
27 500
25 000
22 500
20 000
17 500
15 000
12 500
10 000
7 500
5 000
2 500
St Denis
Levallois Perret
Boulogne
Clichy
Neuilly s/Seine
St Ouen
Vincennes
Aubervilliers
Montreuil
Pantin
Ivry s/Seine
Asnières
St Maur des Fossés
Courbevoie
Puteaux
Charenton le Pont
Colombes
Montrouge
Issy les Moulineaux
St Mandé
Nanterre
Alfortville
Malakoff
Kremlin-Bicêtre
Bois Colombes
Choisy le Roi
Maisons-Alfort
Le Pré St Gervais
Nogent s/Marne
Suresnes
Vanves
Le Perreux
Noisy le Sec
Vitry s/Seine
Les Lilas
Gennevilliers
Fontenay s/Bois
Bagnolet
Arcueil Cachan
St Maurice
Clamart
Gentilly
Champigny s/Marne
Villejuif
Joinville le Pont
Villemomble
Bondy
Créteil
Sceaux
Bourg la Reine
Fontenay aux Roses
Rosny s/Bois
Châtillon
Epinay
Thiais
Stains
Le Bourget
Antony
Pierrefitte
Romainville
L'Ile St Denis
La Courneuve
Bagneux
Bry s/Marne
Bobigny
Châtenay
Drancy
Orly
Fresnes
L'Haÿ
Chevilly
Dugny
Villetaneuse
Bonneuil s/Marne
Le Plessis Piquet
Rungis
Perrique Fils, Sc

SCEAUX

Limites actuelles de la Commune reportées sur la Carte dite des Chasses (1764-1773).

Echelle de [illegible]

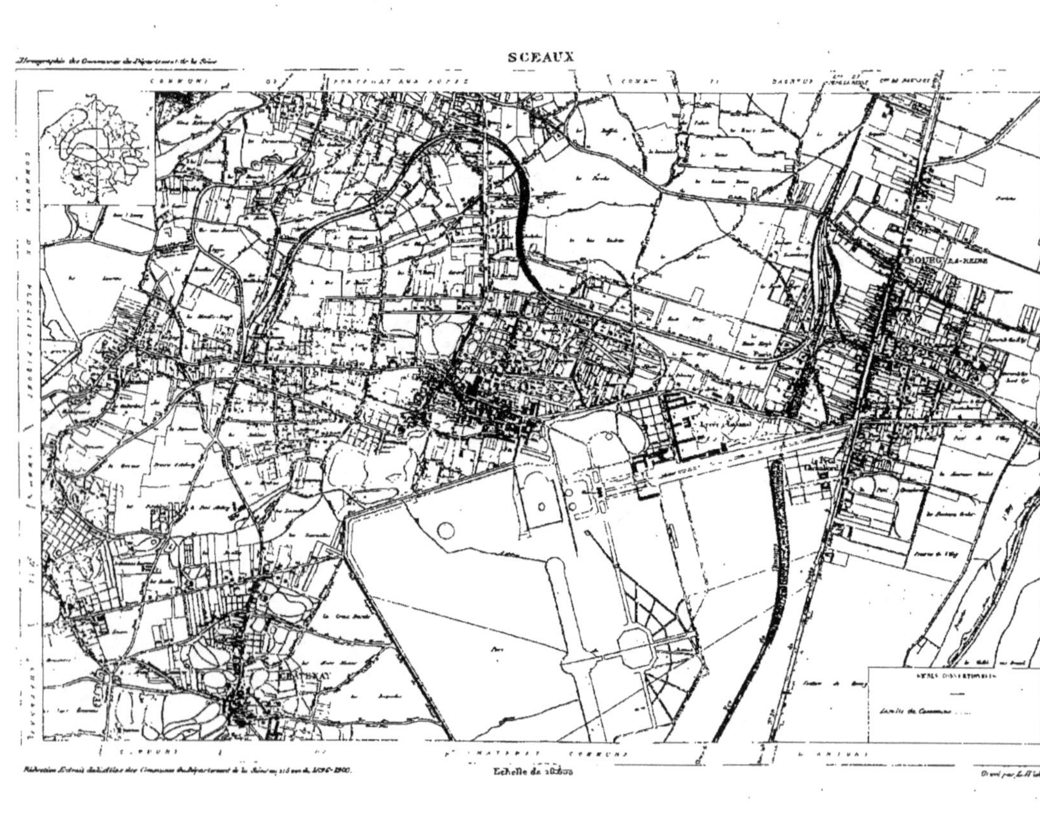
SCEAUX
BOURG-LA-REINE

EN DÉPOT

A LA PRÉFECTURE DE LA SEINE

DIRECTION DES AFFAIRES DÉPARTEMENTALES

BUREAU DES COMMUNES

(Annexe Est de l'Hôtel de Ville)

www.ingramcontent.com/pod-product-compliance
Lightning Source LLC
LaVergne TN
LVHW020344230826
846091LV00003B/989
9782013609944